河北经贸大学保险学一流本科专业建设项目
河北经贸大学保险学专业硕士综合改革项目
河北经贸大学校级教学改革重点项目（编号：2020YZ03）
河北经贸大学金融学省级重点学科项目

新财经教育改革背景下的我国高等学校保险学专业发展改革研究

吴占权　著

中国农业出版社
农村设物出版社
北　京

前言
FOREWORD

数字化、信息化、网络化、智能化，不但给人类社会带来了先进的生产方式，也促进了为时代发展提供人才和科技支撑的高等教育的深刻变革。主动拥抱变革，积极对接“四化”产业发展，培养适应智能化时代的创新人才，这既是时代赋予高等教育的使命，也是高等教育人才培养改革的根本要求。2018 年，教育部提出要大力发展“四新”（新工科、新医科、新农科、新文科）建设，旨在培养知中国、爱中国，堪当民族复兴大任的人才。2019 年，河北经贸大学不失时机地提出“新财经”建设。同年 11 月 10 日，教育部教育发展研究中心与河北经贸大学就河北经贸大学“新财经”本科教育试点实验开展合作研究签约，助力河北经贸大学“新财经”本科教育建设。在新的发展形势下，财经专业类高校（以下简称财经高校）发展遭遇瓶颈，招生分数、位次均下降，特别是金融、会计等热门专业的位次下降很大，一些学校的国际贸易、市场营销等专业停招。人才需求也悄然发生变化，一专多能、有经验人才培养方式已经不适应社会需求。不少财经高校明显感觉到竞争大，就业压力更大，发展难、维持现状更难！已经触碰到天花板。2019 年暑假，河北经贸大学农业保险研究所所长冯文丽召集保险学专业学科组开会，针对保险学专业的发展问题，提出如果保险学专业自己不发展，就可能被并入金融学专业。多年来，河北经贸大学的保险学专业一直艰难维系，保险学专业发展与改革是学科组面临的重大挑战。临近退休之际，我想为学科、专业发展，也是为自己做点有意义的事，即探索研究新财经教育改革背景下保险学教学新模式，并有幸于2020年5月被批准为学校教学研究重点项目。

本书的研究思路和写作内容如下：第一，对研究所涉及的重要概念（如新文科、新财经等）进行界定，并简要阐述相关理论，为研究写作奠定理论基础。第二，对高校保险学专业的发展历程进行简单回顾，从保险学专业初建开始，介绍知名高校保险学专业设置和恢复情况，然后对1998年高校专业目录调整和大类招生等政策进行详尽的梳理分析。第三，着重分析保险科技的融合发展情况，介绍保险科技在人工智能、大数据、区块链及生物识别等方面的应用及其影响。第四，对保险行业的人才需求进行调查。有两部分工作，一是面向保险公司的调查，掌握保险行业对保险学专业毕业生需求的新情况和新动态，二是针对保险学专业毕业生的调查，了解他们对高校人才培养、教学改革的意见。第五，搜集近年部分高校的人才培养方案，对其进行的调整、修订情况进行分析。第六，对传统的常用教学方法进行比较、评析，针对人才培养方案的调整、修订，进行教学模式、教学方法的改革探索。

由于著者知识水平有限，书中难免存在一些疏漏或不足之处，敬请读者批评指正。

吴占权

2022年2月

目录
CONTENTS

第一章　研究所涉概念界定和理论基础

一、相关概念的界定

（一）高校与专业

高等学校是大学、专门学院、高等职业技术学院、高等专科学校的统称。从学历和培养层次上讲，包括专科、本科、硕士研究生、博士研究生。其中，大学一般指综合性高等院校，专门学院包括医科大学、戏曲学院、音乐学院、美术学院，高职高专院校包括高等职业技术学院、高等专科学校等。

高等学校泛指对公民进行高等教育的学校，与大学词义相近。大学，是指综合性的、提供教学、研究条件和授权颁发学位的高等教育机构。现在的大学一般包括一个能授予硕士和博士学位的研究生院和数个专业学院，以及一个能授予学士学位的本科生学院。截至 2019 年 5 月 31 日，全国高等学校共计 2 688 所。中国大陆高等教育系统依托“双一流”、中西部高校基础能力建设工程、“2011 计划”“111 计划”、卓越工程师教育培养计划、卓越法律人才教育培养计划、卓越医生教育培养计划、卓越农林人才教育培养计划、卓越教师培养计划等项目来推进高校建设。本书所界定的高校，专指本科高校，且在中国大陆地区开办，不包括香港、澳门、台湾地区的高校或高等学校。

专业是指高等学校和中等专业学校培养学生的各个专门领域，即根据科学分工或生产部门的分工，把学业分成的门类，也指高等学校或中等专业学校根据社会专业分工的需要，设立的学业类别。中国高等学校和中等专业学校，根据国家建设需要和学校性质设置各种专业。各专业都有独立的教学计划，以实现专业的培养目标和要求。

（二）文科与新文科

文科是人文社会科学（或称哲学社会科学）的简称，是人文科学和社会科学的统称。其中，人文科学主要研究人的观念、精神、情感和价值；社会科学主要研究各种社会现象及其发展规律。按照我国《普通高等学校本科专业目录（2012 年）》，除理学、工学、农学和医学，哲学、经济学、法学、教育学、文学、历史学、管理学、艺术学等学科基本上都可以纳入“文科”的范畴。

新文科是相对于传统文科而言的，其以全球新科技革命、新经济发展、中国特色社会主义进入新时代为背景，突破传统文科的思维模式，以继承与创新、交叉与融合、协同与共享为主要途径，促进多学科交叉与深度融合，推动传统文科的更新升级，从以学科导向转向以需求为导向，从专业分割转向交叉融合，从适应服务转向支撑引领。

美国希拉姆学院旗帜鲜明地提出了“新文科”的教育理念。2017 年 10 月开始，学院对培养方案进行全面修订，对 29 个专业进行重组，即把新技术融入哲学、文学、语言等课程中，为学生提供综合性的跨学科学习。

新文科，是相对于传统文科进行学科重组、文理交叉，体现了人文社会科学的一般特征，同时又具有一些新的特征。其一，战略性。这是新文科的价值所在。新文科建设要服务国家应对当今错综复杂的国际国内形势，增强我国在国际社会的话语权；服务我国经济社会领域的全面深化改革，解决与人们思想观念、精神价值等有关的重大理论和实践问题。其二，创新性。这是新文科的属性特征。新文科建设要通过新的学科增长点，对传统学科进行转型、改造和升级，寻求我国在人文社会科学领域新的突破，实现理论创新、机制创新、模式创新。其三，融合性。这是新文科的学科特征。新文科建设涵盖了人文社会科学领域内多个学科的交叉、融合、渗透或拓展，可以是人文社会科学与自然科学交叉融合形成的文理交叉、文医交叉、文工交叉等新兴领域。其四，发展性。这是新文科的动态特征。人文社会科学领域研究的问题存在很多不确定性，许多新问题会随着社会发展层出不穷，且问题解决并无固定模式，需要在实践过程中不断探索调整、日臻完善。

（三）财经与新财经

财经即财政、金融、经济。中国的财经概念源于中国的计划经济体制时代，具体学科有财政学、金融学、会计学、税务学、保险学、统计学、经济学、管理学、审计学等。国际语境下的财经是包含商科在内的广义财经，涵盖经济金融类和管理类，不同国家、不同大学在专业细分上也有差异。

财经类专业的特点体现为：其一，专业性。通常，财经专业对职业资格的要求更加严格，普遍要求具备资格证书，如注册会计师（Certified Public Accountant，CPA）、特许金融分析师（Chartered Financial Analyst，CFA）、金融风险管理师（Financial Risk Manager，FRM）、注册财务策划师（Registered Financial Planner，RFP）等，未取得这些从业资格证的人员不得从事相关工作。随着数字经济的发展，财经类专业不断提高对从业人员的要求，相应地对学历的要求也越来越高，最典型的就是金融类专业。随着中国与世界的经济联系日益紧密，财经方面的行业规范和标准也迅速与国外接轨，财经人才还需要过硬的外语水平。其二，复合性。财经涉及经济管理领域的诸多交叉环节，没有丰富的经济、金融、管理知识和足够的专业水准，很难成为合格的财经人才。实际工作中，更可能涉及法律、计算机、数学、外语等多项专业技能，这也是大量非财经专业毕业生得以进入相关行业的原因。高级财经从业人员尤其应是“专才”与“全才”的结合型人员，能融汇专业体系内外的各类知识，通晓多种专业技能，拥有复合化的知识结构。其三，实践性。财经不但需要多维度知识的融会贯通，还要做到理论与实践的平衡。财经学科是显学，具有强烈的实践性，与现实联系密切，注重务实管用，强调应用性和操作性，崇尚学以致用和经世济民。

据教育部 2020 年 6 月 30 日发布的最新数据，全国财经类高等院校共有 229 所，占全国普通高等院校（2 740 所）的 8.4%，院校总数位居理工科院校、综合院校和师范院校之后，数量庞大；开设本科经济管理类专业的院校1 026所，占本科院校（1 258所）的81.55%，可谓“无校不财经”。

自教育部提出大力发展“四新”（新工科、新医科、新农科、新文科）建设以来，“新财经”应运而生。新财经处于新时代教育、经济与科技的交汇点，处于百年未有之大变局的历史新方位。历史与现实充分表明，高等财经教育发展始终与中国经济社会发展同频共振、同向同行。中国经济的迅速崛起为教育发展提供了坚实的实践基础，同时高等财经教育以其鲜明的行业背景、独特的学科优势、出色的社会影响力，成为推动时代发展和社会进步的重要力量。当下最重要的时代特征就是“四化”：数字化、信息化、网络化、智能化。“四化”不但给人类社会带来了先进的生产方式，也促进了为时代发展提供人才和科技支撑的高等教育的深刻变革。主动拥抱变革，积极对接“四化”产业发展，培养适应智能化时代的创新人才，这既是时代赋予高等教育的使命，也是高等教育人才培养改革的根本要求。

新财经以培养适应和引领新经济发展的新财经人才为目标，满足我国当前技术创新和产业变革的需要，为未来经济发展及国际竞争提供人才支持。新财经倡导以学生成才为中心，强调最大程度地开发学生的自身潜能，将新财经教育与产业、国家及社会的发展相联系。新财经强调根据企业现实需求进行财经专业优化，以构建适应现实产业需要的学科专业体系。新财经教育可尝试与产业界、国外高校进行合作，探索发展协同育人的多样化人才培养模式。

新财经教育改革的目标：

（1）培养高素质社会主义建设者和接班人。立德树人是学校的根本任务。正如习近平总书记所要求的，我们要扎根中国大地办教育，坚持社会主义办学方向。我们要培养适应国际竞争需要、扎根中国发展实际的新时代高素质财经人才。

（2）实现高校跨越式发展。新财经教育改革是高校改革发展一次难得的历史性机遇，为实现高校换轨超车提供了重要抓手。要通过新财经教育改革，推出一批新时代财经高校发展的理论成果和实践成果，为财经高校的发展提供可资借鉴的经验，大幅提高高校的整体办学水平和办学实力。

新财经表现为三个新的特征，即理念新、结构新和模式新。第一，理念新。以学生成才为中心，强调新财经教育更为重视发挥学生在财经教育中的能动性，关注学生潜能的开发和学习积极性的提升，尊重并培养学生的专业兴趣。扎根中国大地，培养具有家国情怀和职业素养的财经人才，能够满足我国新兴关键领域发展和传统产业升级的现实需求。培养具有国际视野和开创性精神，能够应对经济形势变化、解决复杂问题的引领型财经人才。第二，结构新。新财经学科需要将传统的财经专业知识进行改造和升级，通过将相关新技术学科专业与传统财经专业相结合，使传统财经专业逐渐向智能化、信息化方向发展。新财经学科建设应考虑我国产业强融合性的发展趋势，将理科、工科、文科等与财经学科进行交叉融合，构建一批能够满足当前新经济发展需求和未来发展需求的新型财经专业。第三，模式新。新财经专业人才培养更强调通识教育与专业教育的结合，培养同时具备人文素养和专业能力的财经人才。新财经教育提倡结合新技术手段和其他学科，进行多学科融合的信息化教育模式。新财经教育需要联合产业界、科研机构和地方政府开展多方协同的教育模式，以使新财经人才对产业现实需求具有更强的适应能力。

（四）教学模式与教学方法

教学模式，指在一定教学思想或教学理论指导下建立起来的、较为稳定的教学活动结构框架和活动程序。作为结构框架，突出了教学模式从宏观上把握教学活动整体及各要素之间内部的关系和功能；作为活动程序，则突出了教学模式的有序性和可操作性。教学模式通常包括理论依据、教学目标、操作程序、实现条件和教学评价五个因素，这五个因素之间有规律地联系着。

教学模式是教学活动的基本结构，每个教师在教学工作中都在自觉不自觉地按照一定的教学模式进行教学，只不过这里有一个采取的模式是否科学合理的问题。

教学方法是教师和学生为了实现共同的教学目标，完成共同的教学任务，在教学过程中运用的方式与手段的总称。包括教师的教法、学生的学法、教与学的方法。常用的教学方法有讲授法、讨论法、直观演示法、练习法、任务驱动法、参观教学法、现场教学法和自主学习法等。

系统完整的教学模式是从近代教育学形成独立体系开始的，教学模式这一概念与理论在 20 世纪 50 年代以后才出现。不过在中外教学实践和教学思想中，很早就有了教学模式的雏形。古代教学的典型模式就是传授式，其结构是讲—听—读—记—练。其特点是教师灌输知识，学生被动、机械地接受知识，书中文字与教师的讲解几乎完全一致，学生对答与书本或教师的讲解一致，学生是靠机械地重复进行学习。到了 17 世纪，随着学校教学中自然科学内容和直观教学法的引入、班级授课制度的实施，夸美纽斯提出应当把讲解、质疑、问答、练习统一于课堂教学中，并把观察等直观活动纳入教学活动体系之中，首次提出了以“感知—记忆—理解—判断”为程序结构的教学模式。19 世纪是一个科学实验兴旺繁荣的时期，赫尔巴特的理论在相当的程度上反映了当时科学发展的趋势。他从统觉论出发研究人的心理活动，认为学生在学习的过程中，只有当新经验与已经构成心理的统觉团中的概念发生联系时，才能真正掌握知识。所以教师的任务就是选择正确的材料，以适当的程序提示学生形成他们的学习背景或称统觉团。从这一理论出发，他提出了“明了—联合—系统—方法”的四阶段教学模式。以后他的学生莱因又将其改造为“预备—提示—联合—总结—应用”的五阶段教学模式。

以上这些教学模式都有一个共性。它们都忽视了学生在学习中的主体性，片面强调灌输，在不同程度上压抑和阻碍了学生的个性发展，所以在 19 世纪 20 年代，随着资本主义大工业的发展，强调个性发展的思想的流行，以赫尔巴特为代表的传统的教学模式受到了挑战，应运而生的杜威的实用主义的教育理论得到了社会的推崇，同时也把教学模式向前推进了一步。杜威提出了“以儿童为中心”的“做中学”为基础的实用主义教学模式。这一模式的基本程序是“创设情境—确定问题—占有资料—提出假设—检验假设”。这种教学模式打破了以往教学模式单一化的倾向，弥补了赫尔巴特教学模式的不足，强调了学生的主体作用。强调活动教学促进了学生发现探索的技能形成，获得了探究问题和解决问题的能力，开辟了现代教学模式的新路。当然实用主义教学模式也有其缺陷。它把教学过程和科学研究过程等同起来，贬低了教师在教学过程中的指导作用，片面强调直接经验的重要性，忽视知识学习的系统性，影响了教学质量，因此在 20 世纪 50 年代受到了社会的强烈批评。

20 世纪 50 年代以来，随着科学技术的发展，教育面临着新科技革命的挑战，促进人们利用新的理论和技术去研究学校教育和教学问题。现代心理学和思维科学对人脑活动机制的揭示，发生认识论对个体认识过程的概括，认知心理学对人脑接受和选择信息活动的研究，特别是系统论、控制论、信息加工理论等的产生，对教学实践产生了深刻的影响，也给教学模式提出了许多新的课题。因此，这一阶段在教育领域出现了许多新的教学思想和理论，也产生了许多新的教学模式。

教学模式的发展趋势有四种倾向：第一，单一教学模式向多样化教学模式发展。自从赫尔巴特提出“四段论”教学模式以来，经过其学生的实践和发展，逐渐以“传统教学模式”的名称成为 20 世纪教学模式的主导。以后杜威打着反传统的旗号提出了实用主义教学模式，20 世纪 50 年代以来一直在“传统”与“反传统”之间来回摆动。50 年代以后，由于新的教学思想层出不穷，再加上新的科学技术革命使教学产生了很大的变化，教学模式出现了“百花齐放、百家争鸣”的繁荣局面。据乔伊斯和韦尔 1980 年的统计，教学模式有 23 种之多，其中我国提出的教学模式就有 10 多种。第二，归纳型教学模式向演绎型教学模式发展。归纳型教学模式重视从经验中总结、归纳。它的起点是经验，形成思维的过程是归纳。

演绎型教学模式指的是从一种科学理论假设出发，推演出一种教学模式，然后用严密的实验来验证其效用。它的起点是理论假设，形成思维的过程是演绎。归纳型教学模式来自教学实践的总结，不免有些不确定性，有些地方还不能自圆其说，而演绎型教学模式有一定的理论基础，能够自圆其说，有自己完备的体系。第三，“教”为主向“学”为主的教学模式发展。传统教学模式都是从教师如何去教这个角度来进行阐述，忽视了学生如何学这个问题。杜威的“反传统”教学模式使人们认识到学生应当是学习的主体，由此开始了以“学”为主的教学模式的研究。现代教学模式的发展趋势是重视教学活动中学生的主体性，重视学生对教学的参与，根据教学的需要合理设计“教”与“学”的活动。第四，教学模式的日益现代化。在当代教学模式的研究中，越来越重视引进现代科学技术的新理论、新成果。有些教学模式已经开始注意利用计算机技术等先进科学技术的成果，教学条件的科学含量越来越高，充分利用可提供的教学条件设计教学模式。

（五）保险与保险学

保险是集中分散的社会资金，补偿因自然灾害、意外事故造成财产损失和人身伤亡的风险管理方法。参加保险的人或单位向保险机构按期缴纳一定数量的费用，保险机构对在保险责任范围内所受的损失负赔偿责任。它是一个保障机制，是用来规划人生财务的一种工具，是市场经济条件下风险管理的基本手段，是金融体系和社会保障体系的重要支柱。从经济角度看，保险是分摊意外事故损失的一种财务安排；从法律角度看，保险是一种合同行为，是一方同意补偿另一方损失的一种合同安排；从社会角度看，保险是社会经济保障制度的重要组成部分，是社会生产和社会生活“精巧的稳定器”；从风险管理角度看，保险是风险管理的一种方法。

保险学是一门研究保险及保险相关事物运动规律的经济学科。保险涉及的领域是多元化的，包括金融学、法学、医学、数学、经济学及自然科学等内容。保险学的产生与发展是一个不断变化、不断升华的过程，从保险法学到保险数学，从综合保险学到微观保险学再到总体保险学，保险学逐渐成为一门相对独立的学科，其研究对象是保险商品关系。作为保险学研究对象的保险商品关系是指保险当事人之间遵循商品等价交换原则，通过签订保险合同的法律形式确立双方的权利与义务，实现保险商品的经济补偿功能。在保险商品关系中，一方当事人（被保险人）按照合同的规定向另一方当事人缴纳一定数额的费用，另一方当事人（保险人）按照合同的规定承担经济补偿责任，即当发生保险事故或出现约定事件时，保险人按照合同规定的责任范围，对被保险人的经济损失进行补偿或给付，以保障对方的生产或生活的正常运行。任何学科都在不断地发展和完善，保险学作为一门新兴的学科更是如此。撇开早期的保险学，如保险法学、保险数学等不谈，即使到了近代，保险学的体系结构也未形成统一的标准和统一的格式。有人曾经将保险学分为原理和实务，也有人将保险学分为总论与分论，还有人将保险学分为保险经济学与保险经营学等，且各种划分方法及其内容也不尽相同。之所以出现这种状况，是因为一方面，人们在主观上对一门学科的认识有一个由不成熟到成熟的过程；另一方面，由于人们受到认识客观事物的能力和水平的限制，难以达到对客观事物完全正确认识的程度。因此，对一门学科的逻辑结构的安排也就难以做到尽善尽美。保险学体系结构的变化恰好说明了这一点。

保险学是金融学科的重要组成部分。一个学校的金融学科没有保险学，其金融学科就是残缺不全的，这将从一定程度上制约其金融学科地位的高度。一个从事金融教学和研究的人，如果不懂保险，可以认为其知识结构是不全面的。当前，很多从事金融教学和研究的人没有参与保险教学和研究，从而在一定程度上制约了保险教学与研究的水平，进而制约了我国保险业的经营管理水平。保险学科的发展植根于金融学。如果保险学不以扎实的经济、金融理论为基础，那么必然走向单纯保险技术发展的狭窄之路。保险学在许多方面与金融学科的其他课程存在差异，这种差异性是由保险学自身特定的研究内容所决定的。

二、研究的理论基础

（一）高等教育大众化理论

高等教育大众化理论，是由美国高等教育学家马丁·特罗（Marting Trow）提出的。通过研究欧美发达国家高等教育发展历程，他总结出高等教育由精英化阶段向大众化、普及化阶段依次过渡的规律，并提出了三个阶段各自的具体量化指标：高等教育适龄人口毛入学率在15%以下是精英化阶段，毛入学率15%～50%代表进入大众化阶段，毛入学率达到50%以上就是到了普及阶段。高等教育进入大众化阶段以后，规模得到扩张，在教育观念、教育功能、课程教学形式、入学和选拔，以及内部管理等方面有很大的变化，具体如下。

1. 入学和选拔

精英化阶段的高等教育入学门槛很高，主要以考试成绩和“英才成就”为标准；到大众化阶段，高等教育则崇尚教育机会均等；在普及化阶段，高等教育面向所有希望入学的人开放，入学几乎没有门槛，标准成为是否愿意进入大学学习。

2. 课程和教学形式

精英化阶段的课程侧重学术和专业教学，学习形式为学年制和必修制，师生之间主要是知识传授；大众化阶段的课程趋向模块化，比较灵活，模块之间的学分可以互换，学习形式是学分制，师生以讲授为主，外加辅导；到普及化阶段，师生联系比较松散，更多依赖信息技术手段完成教学。

3. 教育观念

在精英化阶段，高等教育被当作是出身好、天赋高的人的特权；在大众化阶段，高等教育被看作是具有一定资格者的权利；到了普及化阶段，接受高等教育是人们应该履行的义务。

4. 教育功能

在精英化阶段，高等教育主要为政府培养社会精英人才，为经济和社会发展服务；大众化阶段，要培养社会上各种技术和经济组织的领导阶层；普及化阶段的高等教育功能是为了提高人们的社会适应能力。

5. 学校类型与规模

精英化阶段的高校是纯粹的寄宿制，学生一般在 3 000 人以下；大众化阶段的高校，是由上万学生和教师组成的寄宿和走读相结合的“大学城”；普及化阶段的高校没有规模限制，其目的只是为了教学，其中大多数学生很少去主校园，他们并不构成任何意义上的小社会。

6. 学习经历

在精英化阶段，学生从中学到大学一般是连续学习；在大众化阶段，大部分学生中学毕业后就进入大学学习，寄宿与走读相结合，比较注重职业训练；在普及化阶段，很多学生经过一段工作后才进入大学学习，时学时辍现象较普遍。

（二）CBE 理论

CBE 是 Competency Based Education 的缩写，是指以能力为基础的教育体系。其核心内容强调学生在学习过程中的主体地位，培养学生具备从事某一职业所必需的实际能力。CBE 教学模式有 7 个要点：确定与职业有关的各项能力（包括知识、技能、能力和工作态度）；对课程体系进行系统开发；学生在学习之前就知道应具备何种能力；学生在学习之前就知道应达到何种标准；教学过程中向学生提供个性化发展机会；向学生示范能力的实际表现；按照适宜学生的节奏掌握学习进度。

（三）TRIZ 理论

TRIZ 的全称是 Theory of Inventive Problem Solving。这一理论由苏联的发明家和教育家根里奇·阿奇舒勒（G. S. Altshuller）和他的研究团队，通过分析和总结大量专利和创新案例提出的。TRIZ 通常直接翻译为发明问题解决理论，在我国翻译为萃思或萃智，即萃取思考或萃取智慧的意思。该理论的核心内容是在澄清和强调系统中存在的矛盾同时，揭示创造发明的内在规律和原理。由此可见，TRIZ 理论的目标是完全解决矛盾，并且进一步获得最终的理想解。与其他理论不同，它没有取折中的办法，而是能够科学地在技术发展演化规律基础上，研究整个设计与开发的过程，这就决定了它已经不再是随机产生的行为。在生产、生活中，无数的实践证明，TRIZ 理论的应用确实极大地加快了人们创造发明的过程，还能得到相对高质量的创新性产品。因此，TRIZ 理论成为在帮助人们挖掘和开发创造潜能方面最全面系统论述发明创造和实现技术创新的成熟理论。在中国，TRIZ 理论同样引起了学术界的关注，受到政府部门的重视，在高等教育领域产生很大的影响。

（四）沉浸式教学理论

所谓沉浸理论，是指依托技术手段为学习者建立一种近乎真实的学习环境，让学习者在沉浸状态中完成知识、理论的建构的教学理论。沉浸理论由米哈里·契克森米哈于 20 世纪 70 年代提出，是迄今人工智能对高校教育产生较大反响的理论之一。早期的沉浸理论认为，要令学习者处于沉浸状态，需要维持技巧、挑战两个因素的平衡，引导他们学习行为的发生。随着计算机技术与沉浸理论的融合，该理论的内涵拓展至人机交互、场景式学习层面，丰富了沉浸式教学的理论基础。作为一种新兴的教学理念，沉浸式教学是沉浸理论的具象化表现，它具有沉浸感、交互性强、模式灵活的特点，对培养富有创造力、想象力的现代人才大有帮助。高校传统的人才培养模式不可避免地存在学生学习兴趣缺失、实训教学形式单一、学生学习参与度低、创新能力不足等局限性，无法满足人工智能时代应用型、复合型人才的培养需求。如何基于沉浸式教学构建适宜的高校传媒人才培养模式，成了一个值得探讨的关键命题。

区别于现有的教学模式，沉浸式教学摒弃了传统教学方法的弊端，指引着教育工作者更新人才培养理念，构筑开放、可持续的育人生态，协调教与学的关系，激发学生的学习兴趣，促进互动式课堂、沉浸式课堂的形成。

1. 沉浸式教学的基本内涵

沉浸式教学是在沉浸理论指导下，依托虚拟现实、全景影像等技术，通过搭建近乎真实的交互式学习空间，运用透明化的场景式教学，启发学生在质疑、批判、交互与反思中获得全身心的学习，体验沉浸式教学的运用，不仅能促进人才培养模式的转型，构建个性化及情境式的课堂环境，重塑活力课堂，锻炼学生的探究式学习、自主学习能力，而且能够提升学生在课堂的沉浸感，加深对知识、技能的认识和理解，实现“知行合一”。

2. 沉浸式教学的呈现方式

麻省理工学院、斯坦福大学等知名高校纷纷开展沉浸式教学的探索，按照教学呈现载体、形式的不同，沉浸式教学的呈现方式主要包含以下三种：一是借助虚拟现实、全景影像等手段，运用计算机、手机终端进行全方位的知识点授课，呈现场景、图像及交互信息；二是将人工智能相关技术集成到应用软件上，学习者可以利用软件享受虚拟导师式的辅导教育，达到个性化学习的目的；三是运用人工智能教学机器人，在学习中可以与使用者进行交流对话，还可以搜集使用者的学习行为、兴趣偏好，提供针对性的教学指导。

（五）ERG理论

ERG理论源自马斯洛（Maslow）的需求层次理论，奥尔德弗（Alderfer）出于人本主义需要理论而将马斯洛需求层次理论的内涵扩展、层次简化，并将其划分为生存需求（existence）、关系需求（relatedness）和成长需求（growth）。同时，奥尔德弗根据受挫—回归的思想将马斯洛需求层次理论的五个层级的上升式发展方式打破，提出当人受挫时会回归原层级，并扩大在原层级的需求，以备再次上升到更高一层级。因此，他进一步提出需要满足、需要加强、需要受挫三个概念，这三个概念突出了对ERG理论与马斯洛需求层次理论在个体差异方面的关注度。马斯洛需求层次理论更加强调层级之间需求的连贯性，而ERG理论更加关注需求之间的相关性。ERG理论确定了与激励密切相关的具体需要及其层次结构。这在满足需求并设定与其需求相关联的成长性上更能给予人激励。

（六）融合教育理论

融合教育（Inclusive Education），又称全纳教育，主要强调人人都有接受普通教育的权利，后来，美国学者萨伦德总结为：所有学生，无论种族、语言能力、经济状况、性别、年龄、学习能力、学习方式、族群、文化背景、宗教、家庭背景及性格倾向有何不同，都应该在主流的教育体系中接受教育。融合教育与我国传统的有教无类的教育思想理念相同，是人们对“美美与共，天下大同”价值观的追求。1994 年，联合国教科文组织在西班牙召开的“世界特殊需要教育大会”上，90 多个国家、25 个国际组织和一些非政府组织参加会议，通过了著名的《萨拉曼卡宣言》和《特殊需要教育行动纲领》，对融合教育进行了描述和定义。核心观点是，特殊儿童不应在隔离的特殊环境，而是在普通学校与正常学校的学生一起学习；教师应该通过特别调整和环境、教材、教学方法等的设计，来适应普通学生和特殊学生不同特点的学习。随后此理论作为指导性理论全面应用于特殊儿童融入正常体系的教育中。融合教育理论的哲学基础有三个：一是人文主义，体现在平等地对待所有儿童；二是后现代主义，它建立在对学生多样性与差异性价值认同的基础上；三是建构主义，认为特殊儿童的“特殊”是社会隔离与排斥的结果，是人们建构出来的。融合教育理论及其实践，主要集中在如何帮助特殊学生在普通的环境中成长，该理论同样适用于指导高等教育的建设。

（七）UbD 理论

UbD 理论是由美国哥伦比亚大学教授杰·麦克泰（Jay McTighe）和格兰特·威金斯（Grant Wiggins），提出的一种基于逆向的课程设计模式，是一种重理解的课程设计。这种理解主要从学生能否解释、解析、应用、迁移、同理和自我评估来进行教学考量。不同于按教科书内容进行教学和活动导向的教学，UbD 理论强调在设计课程时以学生能力为导向，即根据学生的需求来设计课程。UbD 理论中的“逆向”并非指逻辑上的逆向，而是指课程设计环节的逆向。UbD 理论是在确认课程目标即学生的培养目标的基础上来设计课程体系的，强调在课程设计之初教学人员就必须掌握最终要达成的目标，是一种目标、评量和方法相结合的系统的课程设计模式。其分为三个阶段。阶段一：确认预期的学习结果。在这个阶段，教师要从既有的课程标准出发，结合实际教学目标，确定学生应该知道、理解和应有的能力。教学是达到目的的手段，只有有了清晰的目标，并在此基础上利用检验目标是否达成的评量手段，才能帮助教学者聚焦于教学计划，引导教学者根据目标与评量方式有目的地实施教学活动，进而提升教学成效。该阶段需要考虑：学生应该持续思考哪些问题？学生应该学会哪些知识和技能？所对应的既有目标和标准是什么？在这些问题的基础上来确定预期目标。阶段二：确定证明学生达到预期学习结果的证据。这一阶段要评量学生是否已经达成期望学习结果的标准，设计与教学目标相契合的详尽的评量方式与评价标准。阶段二需要思考的问题是：对应期望的学习结果，评量的标准是什么？为了全面而客观地评量学习成效，还需要搜集哪些方面的证据？评量方式是否包含阶段一中的所有要素？其主要目的是通过评价标准引导教学活动的方向，保证教学效果。评量方式的确定需要紧接着在目标之后设定，以便将目标和活动紧密结合。UbD 是一种重理解的课程设计模式，在评价时注重学生的理解，在评量时强调在实操任务中进行，看学生是否能够在实操任务中灵活运用所学知识。阶段三：设计学习经验及教学活动。在已确定的期望的学习结果和评量方式的基础上发展教学活动，确定活动及活动的顺序。在教学互动设计的整个过程中，需要紧扣既定的教学目标。在此阶段需要考虑的问题包括：哪些活动和课堂教学可以使学生达到期望的学习效果并通过评量？如何安排教学顺序、组织教学活动才达到最优的教学效果？该阶段的学习活动是否能够将目标和评量紧密连接起来？在对这些问题进行思考的基础上进行教学活动的设计才能够促进教学目标在最大程度上达成。

第二章　国内高校保险学专业发展历程

一、保险学专业的设立与起步发展

我国高等学校开设保险学专业是在改革开放之后。我国最先开设保险学专业的学校是中央财经大学，其金融系在1980年开始招收保险学专业的本科生，1986年成立保险系。

许多知名学校设立保险学专业或恢复保险教学大多集中在20世纪80年代。对外经济贸易大学保险学院由对外经济贸易大学保险系和中国金融学院保险系合并形成，自1951年开始就一直从事保险理论和实务的教学和研究工作，是全国高校中最早开设保险学专业课程的院校之一。中央财经大学保险与精算学科发展始于1952年，这是我国高等院校中最早建立的保险学专业学科，是最早得到国际上保险学专业资格免试认证的学科，属于国家级重点学科；首批获批招收保险硕士专业学位研究生。1980年，中国恢复保险业务时，复旦大学同步恢复了保险教学。西南财经大学保险学科的办学历史可追溯至1946年重庆大学商学院银行保险系，1952年该系并入四川财经学院，并开始招收保险干部专科生（1958—1983年）。1983年，经教育部批准，受中国人民保险股份有限公司委托开设保险学专业，并于当年率先在国内成立保险教研室，招收金融学（保险方向）硕士研究生，1984年招收保险学干部专科生，1985年招收保险学专业本科生，1991年保险系单独建制，开始独立招生。1984年，中国人民保险公司与南开大学签订委托培养保险学专业学生协议，南开大学创设了保险学科，开设了保险学专业。1984年5月，武汉大学受中国人民保险公司的委托及赞助，设立保险学专业，隶属于武汉大学经济系，这是我国高等院校中最早恢复保险教育的四大保险学专业之一。1985 年，上海财经大学恢复保险学专业，为当时华东地区唯一一所设有保险学专业本科和硕士研究方向的院校。其保险系的前身为 1946 年国立上海商学院创建的我国第一个保险系。

从上述情况看，保险学专业的设立与保险教学的开始大致由两种类型需求驱动，一类是人才需求驱动，保险公司委托高校培养急需人才，由此设立保险学专业、招收本科生，为保险公司和社会培养保险学专业人才；另一类是办学渊源深厚的高校受形势启发，自主恢复了保险学专业和保险理论与实务的教学和研究。

二、1998 年大学专业目录调整

（一）大学专业目录调整的背景

20 世纪 90 年代中期，我国全面推进社会主义政治、经济和教育体制改革。迅猛发展的科技和经济全球化对人才的需求日益迫切，而精英式的高等教育培养模式已经不能满足社会对人才的需求，高等教育必须从以前的精英化阶段向大众化阶段进行转变，让更多的学生能进入学校接受高等教育，因此从 1999 年起，我国高校开始大规模扩招。高等教育大众化不仅意味着招生人数的增加，还意味着必须在教育观念、专业与课程设置、人才培养目标、专业设置政策等方面进行相应的调整。

我国高等教育的管理体制也在 20 世纪 90 年代末取得了突破性的进展。其中对国务院部委主管的高校，由中央政府和地方政府联合起来进行共管共建。随后，又对中央部委所属院校进行了两次集中调整，这就打破了我国长期以来计划经济体制下形成的条块分割的高等教育管理模式。中央和地方两级管理、以地方统筹管理为主的高等教育管理体制正式确立，从而为我国高校本科专业设置与调整提供了新的制度环境。从 1999 年开始，我国高等学校逐步取得了一定的办学自主权，不但能够在专业目录内调整专业方向，而且能根据实际需要设置专业目录外的专业，这是我国高等教育专业改革取得的极大进步。但是随着社会主义市场经济的发展，对人才的需求越来越大，高等学校的专业设置还存在着某些混乱现象，某些新兴、交叉、边缘学科还没有得到很好的发展，还存在着不少空白、缺门专业，针对现代化建设迫切需要的某些专门人才还没有设置相应的专业。虽然高校拥有了专业设置的自主权，但是这只是属于少部分学校的自主权，大部分学校还只能在国家专业目录内进行申报、设置专业，同时对于专业目录外专业的设置，也必须经过层层审批，最终由中华人民共和国国家教育委员会（以下简称国家教委）决定。

由于经济全球化、信息化及新科技革命的广泛影响，我国的经济结构和产业结构也发生了巨大的变化，我国社会逐步从劳动密集型向知识密集型转变。高等教育的蓬勃发展为我国提供了大量的知识型人才。但随着我国高等教育的飞速发展，一些高等教育体制中的问题也暴露了出来，包括专业设置中存在的新型和前沿学科专业不足、传统学科专业过多、专业范围过窄等非常突出的问题。加入世界贸易组织后，我国参与国际事务的机会越来越多，国际竞争也越来越激烈，而国际竞争的关键是人才的竞争。我国高等教育担负着培养人才的重任，因此，为了适应经济全球化和科技革命的挑战，我国需要对原有专业进行调整，培养出一大批适应我国经济社会发展的人才和一大批在高新技术领域和边缘科学、前沿科学等方面能与世界接轨的人才。

（二）专业目录调整的内容

国家教委于 1998 年颁布了《普通高等学校本科专业设置目录》，此次专业目录包括哲学、经济学、法学、教育学、文学、历史学、理学、工学、农学、医学、管理学 11 个门类（无军事学），下设二级类 71 个，专业 249 种。其中，哲学门类下设二级类 1 个，3 种专业；经济学门类下设二级类 1 个，4 种专业；法学门类下设二级类 5 个，12 种专业；教育学门类下设二级类 2 个，9 种专业；文学门类下设二级类 4 个，66 种专业；历史学门类下设二级类 1 个，5 种专业；理学门类下设二级类 16 个，30 种专业；工学门类下设二级类 21 个，70 种专业；农学门类下设二级类 7 个，16 种专业；医学门类下设二级类 8 个，16 种专业；管理学门类下设二级类 5 个，18 种专业。

这次目录的调整，将原来的专业数目 504 种压缩为 249 种，压缩比例超过了 50%。在这次专业目录调整中，只保留了北京大学、武汉大学、南开大学、中央财经大学和西南财经大学五所高校的保险学专业，随后又批准上海财经大学、对外经济贸易大学两所高校保留保险学专业，其他高校的保险学专业予以撤销。对于这次调整有一种解释说，国家教委认为随着人们生活水平的提高和风险意识的增强，保险行业和社会对保险人才提出了更高的要求，而一般院校培养出来的毕业生过剩，像精算师、投资理财师等高端人才缺乏，故取消普通财经院校的保险学专业，只保留师资力量雄厚的院校的保险学专业。这个政策是对保险学专业的选择性裁撤，对于大部分高校来讲影响很大，因为专业取消，招生停止，授课教师被迫转岗讲授其他课程，等于师资被遣散，相关的教学科研活动终止了，从保险学专业发展的大局来讲，是一个不小的损失。

好在时间不长，2000 年后，很多高校的保险学专业又恢复了，一些高校又开始招生了。有人对此分析，认为原因是金融领域内银行、证券发展遇到瓶颈，裁员减人，而政府管理职能的转变带来对商业保险的巨大需求，从而为保险业发展提供机遇，急需更多保险学专业人才，仅靠五所高校培养保险学专业毕业生是不够的，需要更多的院校开设保险学专业。可以看出，一个专业的稳健发展，离不开政策的稳定性和外部环境制度保障的连续性。

三、大类招生对保险学专业的冲击

（一）实行大类招生的背景及起源

大类招生，即按学科大类招生，是指高校不再按专业或专业方向来确定招生计划进行招生，而是将相同或相近学科门类（通常是同院系的专业）合并，按一个大类来招生。学生高考填报专业志愿时，对于同一大类包含的专业只需填报该大类名称即可，不再需要填报其中的某个具体专业。学生入校后，经过 1～2 年的时间统一学习基础课程，然后根据自己的兴趣和双向选择原则进行专业分流。

我国高校推行大类招生政策是时代和社会发展的必然要求。进入 21 世纪，全球经济一体化日益明显，知识更新的速度也显著加快，学科或行业间的界限逐渐被打破，社会急需高等教育培养出知识面广博、基础扎实、具备多元知识和技能的复合型人才。国际上普遍认为，教学改革的方向是加强基础、通识教育和课程综合，这是改革人才培养的基本途径。我国现行本科教育的主要弊端是专业分割过细、知识结构单一、素质教育薄弱、基础学识狭窄。这已不符合现代社会对知识面广、适应力强、有思辨和创新能力人才的需求。为此，我国不少高校试行大类招生这种新的人才选拔与培养模式，力图打破专业和学科壁垒，在本科教育中建立以素质教育为取向的跨学科体系，在最基础的知识领域为学生提供多学科交叉综合的课程，让学生广泛涉猎不同的学科领域，拓宽知识基础，成为 21 世纪合格的人才。

大类招生政策最早起源于北京大学的“元培计划”①。元培计划是北京大学在建设世界一流大学过程中，探索 21 世纪中国综合性研究型大学本科人才培养的新模式，培养适应 21 世纪时代发展需要、具有国际竞争能力的高素质创造性人才而实施的一项以北京大学老校长蔡元培先生的名字命名的“加强基础，淡化专业，因材施教，分流培养”的本科教育改革计划，即在低年级实施基础教育，在高年级阶段实施专业教育。随后，清华大学、南京大学、北京师范大学、浙江大学等重点大学根据自己的办学定位和学科专业特点，先后实施了按学科大类招生与培养的制度。

“大类招生、分流培养”作为一种全新的人才培养模式正逐渐

① 白海荣．高校大类招生体制改革研究——以西安财经学院为例［J］．学园，2012（17）：29-31.

被我国更多高校所采用，逐渐成为高校教育教学改革的大趋势。“211 工程”院校中综合性大学有 40 所，其中 31 所高校实施大类招生培养，比例达到了 77.5%；理工科类大学 32 所，其中 12 所或多或少实施大类招生培养；财经类大学有 5 所，其中 2 所开设少量的大类招生；农业类大学有 7 所，其中 5 所开设少量的大类招生培养[①]。

（二）河北经贸大学金融学院大类招生及专业分流情况

1. 大类招生以来金融学院专业分流情况

财经类院校实施大类招生起步较晚且数量少，还处于探索阶段。河北经贸大学于 2010 年开始实行按院系招生的大类招生模式。金融学院按经济学类（金融保险）实施大类招生，具体操作方式是，学院设有金融学（公司金融方向、国际金融方向）、金融工程和保险学三个专业，招生时按金融保险类大类招生。新生入校后首先进行两个学期的基础通识培养，第三学期采用“志愿＋成绩”[②]的方式进行专业分流，第三学期开始分专业培养。为了增强学生对三个专业的认识，学院在新生入学后的第三学期专门开设了“专业导论”课程。课程分为两个模块：大类综述和分专业介绍。首先由学院主管教学的副院长针对学院基本情况、金融学科特点、三个专业的培养目标和培养要求等内容进行综合介绍；其次，由三个专业的教研室主任分别就本专业的特点、课程设置、学习方法、就业领域和职业规划等进行介绍。通过开设“专业导论”课程，不断对大学新生进行专业思想教育和专业引导，帮助学生更好地了解各专业的发展历史、课程设置及社会对各专业的需求情况，了解专业动态，从而加深对专业的热爱，激发学习热情，提高学习的积极性和主动性，掌握科学的专业学习方法，明确今后专业学习和就业的方向，使学生对自己的大学生活形成一个较为明确及科学的

① 张世敏，蔡扬，王捧军，戎来．大类招生背景下专业分流问题研究——以河北经贸大学会计学院为例［J］．河北经贸大学学报（综合版），2013（1）：112-115.

② 成绩为综合考评成绩，即课程考试成绩＋思想品德考评。

规划。

2010 年金融学院招生 8 个班，经过两个学期的基础通识培养，2011 年 9 月开始，采用“志愿＋成绩”的方式进行专业分流。在专业分流过程中，其他专业没有遇到太大问题，保险学专业分流出现了困难。一开始只有四五个学生报名，经动员才又增加到七八个。学校有规定，只有达到 20 人才能开班，学院最终确定保险班为 35 人。在原有基础上，按成绩将每个班的后三名分流到保险学专业班，后来有 1 名学生去了美国，该班实际人数为 34 人。最后专业分流的结果为，金融学专业公司金融方向 3 个班，金融学专业国际金融方向 2 个班，金融工程专业 2 个班，保险学专业 1 个班。金融学院 2010 级专业分流的情况如表 2-1 所示。

表 2-1　金融学院 2010 级专业分流情况

单位：人

2010 级	1 班	2 班	3 班	总数
金融学专业（公司金融方向）（3 个班）	51	51	50	152
金融学专业（国际金融方向）（2 个班）	50	50	0	100
金融工程专业（2 个班）	49	48	0	97
保险学专业（1 个班）	34	0	0	34

资料来源：作者根据有关资料整理。

2011 年金融学院按大类招生 6 个班，2012 年 9 月按学生所报志愿进行专业分流。有 12 名学生报名进入保险班，当年有一批学生转专业到金融学专业，学院领导决定，把从外学院转来的学生单独编为 1 个班，其余 10 名转来的学生编进保险班，这样保险学专业班为 22 人。最终的专业分流结果为，金融学专业公司金融方向 3 个班，金融学专业国际金融方向 2 个班，金融工程专业 3 个班，保险学专业 1 个班。金融学院 2011 级专业分流的情况如表 2-2 所示。

表 2-2　金融学院 2011 级专业分流情况

单位：人

2011 级	1 班	2 班	3 班	总数
金融学专业（公司金融方向）（3 个班）	48	47	49	144
金融学专业（国际金融方向）（2 个班）	48	48	0	96
金融工程专业（3 个班）	41	42	43	126
保险学专业（1 个班）	22	0	0	22

资料来源：作者根据有关资料整理。

2. 对大类招生专业分流中保险学专业困境的分析

（1）历年来金融学院保险学专业的招生就业情况。金融学院的保险学专业开设于 1993 年，当年招生一个专科班，从 1994 年开始招收本科班，实行隔年招生。1998 年，教育部对高校本科专业进行调整，除保留几所学校继续招收保险学专业外，其余高校的保险学专业取消。1999—2002 年，金融学院停办保险学专业。到 2003 年，教育部恢复高校保险学专业招生，金融学院当年招收 2 个保险学专业班。从表 2-3 可以看出，以后的保险学专业招生一直延续，有的年度招 2 个班，有的年度招 1 个班。

表 2-3　金融学院保险学专业招生情况

单位：人

年级	人数	年级	人数
1993 级	35	2006 级	45
1994 级	36	2007 级	48
1996 级	38	2008 级（1 班）	43
1998 级	40	2008 级（2 班）	46
2003 级（1 班）	43	2009 级（1 班）	43
2003 级（2 班）	39	2009 级（2 班）	43
2004 级（1 班）	44	2010 级	34

（续）

年级	人数	年级	人数
2004级（2班）	44	2011级	22
2005级	44		

资料来源：作者根据搜集资料整理。

金融学院保险学专业的就业一直是不错的，20世纪90年代，保险学专业的毕业生大部分进了保险公司，还有部分毕业生进了银行、高校工作，也有少数毕业生从事其他工作。到2007年后，毕业生主要去向依然是保险公司和银行，和以前就业有所变化的是，考研的比例逐年增加，进入银行工作的人也逐渐增多。2005级和2006级保险学专业毕业生就业情况能够反映大体状况，2005级保险班有44人，17人考取研究生，读研的学校大多是中央财经大学、东北财经大学、天津财经大学、首都经济贸易大学等，其余学生都去了保险公司和银行，就业率为100%；2006级保险班有45人，8人考取研究生，读研学校为南开大学、北京交通大学、中央财经大学等名校，有5人去银行工作，其余都进了保险公司，就业率为100%。金融学院保险学专业一直保持着较高的就业率，就业质量较好，从就业状况判断，保险学专业并不是冷门专业。就业不冷招生冷，使人不解，让人深思。

（2）保险学专业遭遇困境的原因。实行大类招生前，保险学专业生源充足，教师满负荷甚至超负荷工作。实行大类招生后，保险学专业生源大幅度萎缩，到了难以为继的地步，教师的工作从过去的满负荷一下子到了“吃不饱”的境地。如果完全按照分流学生的志愿进行专业分流，保险学专业难以存活，恐怕列入淘汰之列，是某种程度的保护①才得以香火延续。

① 2010级专业分流，为了确保保险班人数，没有按照学生志愿，无奈地实行成绩末位流转；2011级专业分流，虽说是遵从分流学生志愿，但也实行了内外有别的双重标准，对转专业过来的10名学生强制转入保险班，以保证开班人数。

谈到保险学专业遭遇困境的原因，一些人会归因于大类招生，是招生政策变化所引起的。其实大类招生只是表象因素，有更深层次的原因，是多种因素共同作用的结果。

第一，保险行业发展形势不佳，对保险学专业招生有不可估量的影响。保险在实现30年的高速发展之后，一度出现了增速放缓的势头。保险发展不好，保险信誉不佳，目前保险行业进行的“守信用，担风险，重服务，合规范”核心价值理念大讨论，是形势所迫、万般无奈之下进行的。对保险的三个不认同，即消费者不认同、保险从业人员不认同、社会不认同，不可避免地会在金融院、系学生中投下阴影。

第二，教学体系建设与保险实务脱节，对学生流转选择有一定的影响。保险学专业实践性较强，应该注重理论与实务相结合，而我们的教学内容是理论多于实务，使一些毕业生感觉所学知识派不上多大用场，这也会多多少少地影响他们的就业选择。以前毕业生的感觉和体会，可能通过一定的渠道影响在校生的志愿选择。

第三，大类招生是保险学专业遭遇困境的引致因素，不是决定性因素，只不过是把以前潜伏的问题都暴露出来。冰冻三尺非一日之寒，保险学专业遭遇困境不是近几年的事情，而是多年积弊所累积。以前之所以没有发觉，是因为长期以来实施的专业招生政策把它掩盖了，在实行专业招生的背景下，自觉自愿报考保险学专业的比例也不是很多，有相当一部分是被调剂过来的。由于专业级差分数的存在，一些刚上线的考生为进入金融学院，只好不情愿地报考保险学专业。可见，即便实行专业招生，完全按照考生专业选择志愿也不能保证保险学专业满员招生。以前保险学专业欣欣向荣，应该是专业招生政策所赐，如今实行大类招生，保护伞没有了，遇到了大厦将倾的危机。因此，把保险学专业遭遇困境的原因全怪到大类招生的头上，是不客观的。

第四，分流学生趋热避冷的跟风心理，加剧了各专业之间的结构性矛盾。实行按大类招生，减少了学生报考大学时专业选择的盲目性，充分体现了以学生为本、以学生为主体的教育理念。学生进入大学，经过一两年大类基础平台课程的学习及相应的专业教育后，对所在大类的学科、专业有了一个初步了解，同时，对自我的兴趣爱好、能力特长及发展意愿、个人规划也有了一定的认知，再在院系内自主地确定专业小门，学生此时作出的专业抉择，一定是非常理性且经过了深思熟虑的。然而，任何一所学校的专业都不可能均衡发展、齐头并进的，有自己的优势专业、特色专业，也有冷门专业、新设专业。在财经类高校，大部分学生热衷于会计学、财务管理、金融学等优势专业，而这些专业的师资力量、教育教学资源与设施等都与“蜂拥而至”的学生数量不相匹配，教学质量难免跟不上。

（3）全国其他高校金融保险学专业分流的情况。金融学院实行大类招生后，出现了专业发展不平衡的矛盾，专业分流中保险学专业到了难以为继、勉强维持的境地。全国其他高校情况如何？是不是也有类似的情况？其他学校如何解决这个问题？为此，我们通过各种渠道搜集了相关资料，期望能得到答案。全国开设保险学专业高校汇总如表 2-4 所示。

表 2-4　全国开设保险学专业高校汇总

地区	省份	学校数目（所）	大类招生学校	非大类招生学校
华东	山东	3	山东大学威海分校	山东财经大学、山东工商学院
	江苏	5	—	江苏大学、南京财经大学、南京审计大学、南京财经大学红山学院、南京审计大学金审学院
	安徽	4	安徽农业大学	安徽财经大学、铜陵学院、蚌埠工商学院
	上海	6	复旦大学、华东师范大学	上海师范大学、上海财经大学、上海对外经贸大学、上海金融学院
	浙江	3	—	浙江工商大学、浙江财经大学、浙江财经大学东方学院
	江西	3	—	江西中医药大学、江西财经大学、江西中医药大学科技学院
	福建	3	厦门大学	闽江学院、仰恩大学

（续）

地区	省份	学校数目（所）	大类招生学校	非大类招生学校
华南	广东	5	中山大学、广东财经大学、广东金融学院	广东外语外贸大学、东莞城市学院
华北	北京	7	北京大学、北京工商大学	中国人民大学、中央财经大学、对外经济贸易大学、首都经济贸易大学、北京工商大学嘉华学院
	天津	4	—	南开大学、天津理工大学、天津财经大学、南开大学滨海学院
	河北	3	河北经贸大学	河北金融学院、河北经贸大学经济管理学院
	山西	2	—	山西财经大学、山西财经大学华商学院
	内蒙	1	—	内蒙古财经大学
华中	河南	1	—	郑州航空工业管理学院
	湖北	4	—	湖北工业大学、中南财经政法大学、湖北经济学院、武汉学院
	湖南	3	—	湖南大学、中南林业科技大学、湖南工商大学
东北	黑龙江	1	—	东北农业大学
	吉林	2	—	吉林财经大学、长春财经学院
	辽宁	4	—	辽宁大学、沈阳航空航天大学、东北财经大学、沈阳工程学院
西北	新疆	1	—	新疆财经大学
	甘肃	2	—	兰州财经大学、兰州工商学院
	陕西	3	—	西北大学、西北农林科技大学、西安财经大学
西南	重庆	2	—	重庆工商大学、重庆工商大学融智学院

（续）

地区	省份	学校数目（所）	大类招生学校	非大类招生学校
西南	四川	1	—	西南财经大学
	贵州	2	—	贵州财经大学、贵州财经大学商务学院
	云南	2	—	云南大学、云南财经大学

资料来源：作者根据搜集资料整理。

从表 2-4 可以看出，全国开设保险学专业的高校有 77 所，仅有 11 所高校实行了大类招生，可见在开设保险学专业的高校中，大类招生并不普遍。许多高校招生计划中单设保险学专业，并不涉及大类招生。还有高校设有保险学院，也不会受到大类招生、专业分流的冲击。在实行大类招生的高校中，保险学专业都受到冲击，只是程度不同而已。

本书我们选取了北京大学和复旦大学进行研究，他们实行的专业分流办法很有参考价值和借鉴意义。

北京大学经济学院专业分流方案，遵循自由选择和合理调配相结合原则，尊重每一个学生的专业选择意向。但与此同时，一方面为了避免学生过度拥挤于某一专业，导致毕业时产生供给问题；另一方面为了避免各专业教学资源配置与使用的严重失衡，学院对专业分流进行适度引导与合理调配。

具体的实施办法是，每个专业最低学生数为 10 人（含 10 人），不足 10 人的专业在该年级将暂缓执行专业培养计划，选报该专业的学生按学生本人填报的专业次序调剂到相关专业。每个专业最高学生数为 55 人（含 55 人）。超过的按学生填报的志愿次序调剂到相关专业。例如，若某专业第一志愿学生数达到 56 人，则将有 1 人调剂到第二志愿的专业。调剂的次序和办法是，按学生填报的志愿，第一志愿选报 A 专业人数若超过最高人数限制，则第一志愿填报 A 专业的所有学生均按前期 GPA 进行排名，取前 55 名为 A 专业学生，55 名以后的按各个学生的第二志愿调剂到第二志愿专业备选。若某学生调剂到第二志愿专业后，该生的第二志愿 B 专业也超过了最高限额数（包括以第一志愿和第二志愿填报 B 专业的），B 专业在优先接收第一志愿学生后，剩余名额则由第二志愿为专业 B 的同学按照课程成绩排队遴选进入专业 B。以此类推，北京大学经济学院 2011 级专业分流的结果如表 2-5 所示。

表 2-5　北京大学经济学院 2011 级专业分流的结果

单位：人

专业名称	人数
经济学系	59
国际经济与贸易系	24
金融学系	71
风险管理与保险学系	37
财政学系	28
发展经济学系	17

资料来源：作者根据搜集资料整理。

从这个分流结果可以看出，风险管理与保险学系的人数排在 6 个系中的第 3 位，保险学专业没有受到冲击，还有一定的优势，这应归功于专业分流方案的合理性和科学性。

按照复旦大学经济学院专业分流方案，复旦大学从 2011 学年起实施经管大类招生，一学年后进行院系和专业的分流。

专业分流的方法是：①经济学院各专业的分流按照志愿优先原则，不设专业志愿级差分；②凡是专业申报人数小于等于分流限额的专业，全部自动录取；③凡是专业申报人数大于分流限额的专业，按绩点高低排序录取（如限额最后一名出现绩点并列者，均予录取）；④凡是第一志愿未录取的学生，按志愿顺序进入第二志愿，再按照上述①、②操作，以此类推；⑤港澳台学生及外国留学生按以上办法单独分流。2011 级复旦大学经济学院学生专业分流名额如表 2-6 所示。

表 2-6　2011 级复旦大学经济学院学生专业分流名额

单位：人

学生		经济学	经济学（数理方向）	国际经济与贸易	金融学	财政学	保险
国内学生	内地（大陆）学生	60	20	60	60	30	30
	港澳台学生	10	2	2	2	2	2
外国留学生		20	4	4	4	4	4

资料来源：作者根据有关资料整理。

复旦大学经济学院 2011 级实行大类招生后，向经济学、经济学（数理方向）、国际经济与贸易、金融学、财政学和保险学 6 个专业进行分流，保险学专业人数仅为经济学专业、国际经济与贸易专业、金融学专业人数的一半，还是排在末位，比经济学专业（数理方向）要好些，但也出现了专业分流不平衡的倾向。

（三）大类招生中保险学专业的出路探讨

从事金融教学的人士有个共识：从专业知识学习的角度看，银行、证券、保险的知识不可或缺；从学科发展角度看，三个专业是互相支撑的，应该统筹发展。也有人疾呼，市场选择的结果未必就是理想的结果。金融学院实行大类招生后，金融学专业公司金融方向和国际金融方向及金融工程专业的发展还算平衡，唯独保险学专业受到专业分流的冲击，保险学专业该何去何从，业内人士不得不积极探讨各种对策，寻求解决良方。对于河北经贸大学保险学专业的处境，业界人士认为，河北经贸大学跟形势政策跟得太快了，不如先观望再作决策。首都经济贸易大学下手较快，他们发觉大类招生对保险学专业不妙后，很快拿出方案，把保险学专业单独拿出来招生，有效地避免了专业分流的冲击。

（四）两种解决办法的对比

在寻求对策的讨论中，有两种解决方法值得关注，一种是大类招生下对专业分流的完善，另一种是改变招生政策。

第一种方法是在继续坚持大类招生政策的前提下，对专业分流实行干预，按学生的成绩末位分流，确保保险学专业人数。这种方法不考虑学生的志愿，强行将成绩较差的学生分流到保险学专业，虽然能保证保险学专业不致断绝，但由于生源质量下降，对保险学专业的教学建设、学生就业肯定有不良的影响。

第二种方法是改变招生政策，对保险学专业予以特殊保护。这种方法有两个方案，一是将保险学专业从大类招生中拿出来，实行单独招生，还有一个方案是把保险学专业从一本降为二本，以确保保险学专业持续发展。认真分析两个方案，都有不妥之处。第一个方案虽然能把保险学专业从专业分流的困境中解脱出来，但新生入学一年后的转专业，保险学专业的学生难免还会流失。第二个方案是自降身份以求保全，代价太高、损失太大，不易得到上层领导的支持。一个专业由本二升为本一很不容易，降格以求未免有些草率。

（五）保险学专业出路的再探讨

大类招生中保险学专业的出路在于，在继续坚持大类招生政策的前提下，积极寻求解决对策。

1. 将专业知识的普及教育前移

将专业知识教育前移到新生入学后的第一个学期，由教学院长、专业负责人、骨干教师担任主讲，对保险学专业做全面的解析，包括专业研究的前沿领域、深层次的学科宏观描述、国际国内需求、发展趋势和在国民经济中的地位和作用。

不断丰富专业知识教育的形式，如不定期地举办学生座谈会，邀请高年级同学或该专业正在攻读研究生的学长、学姐，从学生的角度浅谈个人对专业学习的心得体会。或者组织学生分批到系所的教学场地、实验室、实习基地参观，实地了解和感受各系所的软硬件环境和教学科研资源。通过这些普及教育，消除学生对保险学专业的误解、偏见，形成初步的专业意识，从而对保险学专业产生兴趣。

2. 完善专业分流方案

实行自由选择和合理调配相结合的原则，在专业分流过程中，以学生的自主选择为基础，尊重每一位同学的专业选择意向。但为了避免有的专业过度拥挤的问题，学院应对专业分流进行适度的引导并合理调配。

继续坚持按成绩加志愿的原则，借鉴北京大学经济学院的方法，增加学生填报志愿的数量，每个学生应该至少报3个志愿。

在专业分流方案中规定一些细则。在分流过程中，如学生志愿的填报情况满足各专业接收人数，就不做任何调整；若出现热门专业超过接收人数限制、冷门专业报名人数达不到开班限额，则需要在尊重学生志愿的同时，以择优为前提，综合平衡，参照学生的综合成绩进行调剂。

3. 下大力气进行保险学专业的教学改革

要有效地引导专业课教师通过各种渠道、各种方式，搜集保险实务教学内容，坚持理论知识与实务知识相结合，加强保险学专业实践教学环节的建设，不断提高保险学专业学生的培养质量。

近年来，学界又出了一种说法：从学科发展和专业建设角度来说，保险发展的前景不被看好，应该并入金融学科才有发展前途。这种质疑保险学专业独立发展的说法引起不小的波动，也给发展中的保险学专业和学科带来了一些挑战。实际上，在金融学科和实务发展中，银行、证券和保险互为支撑，缺一不可，只有三者独立发展好了，金融学才会更好发展，保险与金融之间是这样一个关系：金融好，保险就会好；保险好，金融会更好。回顾保险学科和保险学专业的发展历程，时间不算太长，经历的困难和挑战真不少，最后都没有阻止保险学专业的发展，这说明保险学专业的发展有很大的韧性。所谓韧性，是从困境中恢复的能力，可以理解为经济社会承受和适应外部冲击，从中恢复的能力。自然灾害并非就成为灾难，它们是否成为灾难，取决于社会的风险暴露程度及社会的脆弱性和韧性。保险业扮演着三重角色，即风险的管理者、风险承担者和投资者，是增强经济韧性的有效工具。既能为经济发展提供韧性，其本身更用韧性迎接任何挑战和困难。作为保险教育工作者，应该对遇到的各种问题和挑战有清醒的认识，不畏惧任何艰难挑战，做好自己的工作，坚持推动保险学专业教育继续向前走，希望保险学专业和保险学科在我们手上有抗压的韧性，有发展的活力。

关于保险学专业建设，武汉大学的魏华林先生有个精辟的阐述。2019 年 10 月在天津南开大学召开了新时期新文科建设背景下保险学专业发展与人才培养圆桌论坛，魏先生未能前去参会，特向论坛发了邮件，谈了自己的观点，他讲了四点：第一，保险学专业是否独立存在的问题。这是一个老话题，天底下没有一成不变的事物，按照事物发生、发展和演变的规律，保险学专业与其他事物一样，都有变化的可能，但目前还不存在“变没”的条件。尽管“三大悬案”中的一个已经没了，但第二个不能没了，除非第二个与第三个悬案一起消失。第二，如果保险学专业独立存在，需要有人论证。目前能够论证的只有保险教育者，这是历史赋予我们的使命。第三，保住保险学专业独立存在的前提有两个，一是社会需要；二是有愿意承担而且能够将之办好的保险教育工作者。第四，保险学专业教育需要变革，需要守正创新，需要建设一个难以替代的专业教育体系。

第三章　保险科技的融合发展

金融科技是新兴技术带来的技术创新科技，它能带来新的业务模式、应用、流程或产品，从而对金融市场、金融机构和金融服务方式产生重大影响。保险科技就是新技术在保险业的应用，新兴技术在保险业的应用主要集中在人工智能、大数据、区块链及生物识别方面。保险行业未来的竞争主要体现在保险公司的科技应用上。

一、人工智能在保险行业的应用

在客服业务引入人工智能，可以用来解答常见的咨询问题，代替人工进行部分信息整理和咨询工作，能大大降低人工成本；通过语音交互服务缩短服务接入的时间；在投保环节，除了提供证件扫描，还可以根据一些信息、数据对客户进行画像，分析其需求并制订匹配的保险方案。还可以通过机器人进行承保和报价，为客户提供自主投保服务。在理赔环节，自动化分析、整理数据技术大大加快人工处理赔案的速度。从人工智能技术的应用程度来看，该技术已经介入保险核心业务流程中，从而使保险部分流程实现了自动化、智能化，提升了保险业务流程的效率，提高了核保的精准度。例如，新华保险在其短信—电话互动服务平台就引入了人工智能技术，用以解答常见的咨询问题。合众人寿与阿里云人工智能“小AI”合作，为投保用户提供解答问题的服务。泰康人寿打造的保险机器人“TKer”，可以提供证件扫描，还可以进行人脸识别及语音交互，提供查询保单的服务。由于新技术的介入，核保也朝着数字化、自动化、智能化方向发展。有了人工智能新技术，保险公司可以通过人机交互的方式与客户在线交流。了解客户信息、评估其面临的风险，自动形成承保与否的决定；智能核保系统可以有效地改善客户体验，提高承保与核保的效率，降低运营成本。人工智能系统可以用来识别客户提供照片的真实性，以防范保险欺诈行为。保险费率的厘定，大都是根据大数据法则的原理，运用统计方法和概率论，对未来的损失和费用进行粗算，然后将这些费用在不同的被保险人之间进行分配，分摊风险。大数据和人工智能技术的应用能够大大提升对损失和费用测算的准确度。例如，UBI 车险（Usage Based Insurance），基于驾驶行为提供精准的风控方案和定价模型，就是大数据和人工智能应用的实例。UBI 车险会记录投保客户的驾驶习惯，根据用户行为数据进行人工智能分析，给出下一年的保费定价。人工智能在资产管理的应用主要体现在智能投研和智能投顾上，智能投研平台通过强大的数据处理能力，内嵌到整个投研体系，便捷高效地输出给专业投资者，帮助其形成最后的决策。在智能投顾方面，在变幻莫测的资本市场，对数据进行深度信号挖掘，用于做短周期的策略开发。通过机器学习，进行资产组合配置，根据市场的变化予以动态调整，从而更准确地把握投资机会，提高投资收益水平。

二、区块链技术在保险行业中的应用

区块链作为一个新的技术框架，基于独特的数据处理和数据存储方式，可以衍生出全新的商业模式。区块链技术的应用包括创新金融产品、变革金融基础设施和构建智能物联网。在创新产品和服务方面，区块链可以通过提供个性化定制保险、为新兴市场提供低成本产品及提高客户参与度来推动保险公司的产品创新，进而助力保险公司实现业务增长。在保险防范欺诈方面，区块链技术可以在被保险人身份识别中发挥作用，通过不可更改的身份证明信息降低保险欺诈风险。中国人民财产保险股份有限公司（以下简称人保财险）利用区块链技术，探索养殖保险“标的唯一性”管理新模式，通过构建区块链的养殖业溯源体系，实现风险管理“标的唯一性”。人保财险的区块链养殖溯源系统以生物识别、DNA（deoxyribonucleic，脱氧核糖核酸）及耳标等技术作为牲畜数据收集和身份确认的基础数据来源，以区块链作为数据存储和使用的核心机制，通过建立覆盖采购、饲养、防疫、产崽、屠宰及物流等环节的数据系统，对牲畜的完整生命周期及生产、流通环节进行数据记录，以养殖体系的数字化改造实现保险行业风险管理效率的提升。区块链在整个体系中凭借其独特的数据存储和记录方式，实现系统信息的唯一性和可追溯性。

区块链在保险反欺诈中的应用还有关于风险事件时间和地点的确认。保险合同的射幸合同属性使承保和理赔存在较为突出的时间管理风险。在承保环节，时间因素和地点因素是评估风险和确定费率的重要依据。不论是财产保险还是健康保险，都可能出现“先出险，后投保”的问题，投保人故意隐瞒出险事实，向保险公司骗取保险赔款，而保险公司可能出于业绩考核或利益输送等原因，出现“倒签单”的问题，即在出险之后通过保单时间造假扩大保险公司责任，使保险公司蒙受损失。从理赔的角度看，时间和地点也是确定保险责任和损失的关键因素。区块链可以跨行业、分布式记录数据，并且能够证实数据（包括物品所有权、保单日期和时间、事故发生地点等内容）存在的真实性。

三、物联网在保险行业的应用

物联网技术介入保险业，主要指车联网和可穿戴设备。车联网是物联网的一个分支，是通过先进的智能传感技术，实现车与车、车与人、车与路的互通与协同，通过对数据进行采集和分析，实现智能化交通管理、智能化动态信息服务，通过对人、车、路、环境信息的采集与分析，可以降低骗保率，提高承保收益，并创造新的收益。基于对车辆和驾乘人员信息的分析处理，保险公司对风险事故可由被动应对转变为主动管理，降低事故发生率和理赔成本；通过实时信息交互及综合服务，可以提升服务水平，提高客户续保率。UBI车险是基于用户行为定价的车险，基本原理是根据驾驶行为对保费进行调整，获得保费折扣与否取决于驾驶时间、地点和具体驾驶行为的综合考量。UBI车险有两种数据收集模式，一种是OBD（On Board Diagnosis，车载诊断系统）模式的车联网系统，在汽车上安装对应的OBD设备，为车主提供车况监测和故障诊断服务，保险公司通过OBD获取包括行驶时间、行驶里程、加速行为等数据，从而对车主的驾驶行为进行全面的评估；另一种是手机模式的车联网，车主通过登录官网下载手机App，驾驶人的时间、地点、行驶方式等具体数据就会通过蓝牙和手机程序传递给保险公司，保险公司据此计算车辆保险费用。

近年来，物联网链接设备不断推陈出新。高级传感技术的应用扮演着重要的角色，随着传感技术在穿戴医疗设备上的应用，保险公司通过物联网实施健康管理，可以准确确定被保险人的健康管理目标，并根据目标制订个性化的健康管理方案。基于定位系统（无线室内环境定位、蓝牙、WiFi、ZIGBEE传感网、红外线定位和超声波定位等）技术的应用，保险公司可以为老人、小孩等的碰撞、摔倒、走失及其他意外提供解决方案。保险公司还可以根据物联网建立核心数据库，实现对投保人健康状况的实时监测，通过数据分析对保费定价和赔付数额计算给予支持。此外，穿戴医疗设备能够优化健康保险产品，提高服务质量，推动健康保险由事后补偿向预防补偿发展，促进健康保险模式的转变。步步宝就是个很好实例，它以运动换保险，既能提供风险保障，更能引导用户养成比较健康的生活方式，从根本上降低理赔发生的概率。促使保险公司运用科技手段改变经营理念，做有温度的保险，通过科技手段构建覆盖各类人群的金融生活。

四、基因诊疗在保险行业的应用

基因诊疗是基因诊断和基因治疗的合成概念，基因诊断是指为了有针对性地预防和解决遗传疾病，通过基因的采集和实验室分析，对普通遗传病或家族遗传病做出诊断。基因治疗则是将外源正常基因通过基因转移技术导入靶细胞，通过纠正或补修基因缺陷，达到疾病治疗的目的。2015年6月，众安保险公司联合华大基因公司推出国内首款互联网基因检测保险计划“知因保”，客户可以在淘宝保险频道购买该产品，自行刮取口腔黏膜放进取样盒寄回，之后在众安保险或华大基因的官网上查阅报告书。检测报告书包括检测结果、饮食建议和生活习惯建议等内容。“知因保”通过基因检测得知患乳腺癌的概率，并根据检测结果向客户提供相应的乳腺癌专项体检服务和保障计划。

对客户个人而言，进行基因检测，可以准确掌握自己存在高风险的疾病种类，进行个体化体检和预防治疗，选择合适的保险产品（甚至可以选择不购买保险），从而避免盲目的健康消费。对保险公司来说，把基因检测作为健康管理的切入口，可以积累海量客户的健康数据，对高低风险客户的分布了然于心，可根据客户的风险高低进行更准确的定价，提供针对性的后续健康管理服务，能极大地拓展盈利空间，提高自身竞争力。除了众安保险，平安寿险、中国人寿集团、中国人保集团、太平人寿、富德生命人寿、新华保险等一大批保险机构都积极与基因检测机构开展合作。

2016 年以来，以欧美为首，“某 tech”的概念频频洗牌各个传统行业。从“Fintech”（financial technologhy）到异军突起的“Insurtech”，科技的力量在保险这个传统行业掀起一股革新的潮流。Metromile，是一家按里程计价的车险平台，根据用户车辆的行驶距离自动计算保费，让开车少的人支付更少的保费，实现行驶里程方面的个性化定价。Insurtech，通过移动应用新技术、远程信息处理技术和人工智能等来促使保险行业转型。这些设备的使用及数据监测将加强用户的参与度，深刻洞察用户偏好所产生的风险，从而设计新产品来满足用户的需求。保险科技在用技术说话，大量引入数据分析、语音处理、深度学习、机器学习等技术，使风险勘察模型更加精准，能够更好地评估风险病预测需求。利用数字建模、数据挖掘和异常报告，更快、更有效地识别欺诈性索赔。保险科技的兴起，可以使保险公司定价不精准、风险识别不全面、理赔粗放及流程冗长等顽疾得以逐个解决，从而改造优化业务，获取利润。Insurtech，不仅仅是简单地将保险（insurance）和科技（technologhy）两个词相加，而是利用科技创新挤出现存保险商业模式的低效率、高成本泡沫，深挖大型保险公司没有动力去开发的领域。蚂蚁金服推出的车险分和定损宝，更是让保险界耳目一新。车险分是蚂蚁金服将海量“从人”信息通过人工智能技术进行挖掘，对客户进行画像和风险分析，量化为300～700的标准分，分数越高意味着风险越低，保险公司在获得用户授权后，可以查询用户的车险标准分，或是结合公司掌握的数据对其进行加工建模，得到他的车险专用分，这些都为保险公司准确识别客户风险、更合理地定价、更高效地服务消费者提供了依据。车险分既能为保险公司的准确定价提供帮助，又能保障用户的隐私和安全，让靠谱的人买车险更便宜，同时让保险公司的业务经营更加稳健和可持续。2017年6月27日，蚂蚁金服在北京宣布，向保险业暂时全面开放技术产品“定损宝”。这款产品运用AI技术模拟车险，帮助保险公司定损。它运用深度学习、图像识别检测技术，使用AI充当查勘员的眼睛和大脑，通过部署在云端的算法识别事故照片，与保险公司连接后，几秒钟内就能给出包括受损部件、维修方案、费用及赔偿后对来年保费的影响在内的方案。发布会当天，40多家保险公司的高管齐聚北京南四环的一家4S店。蚂蚁金服仿效围棋人机大战，现场安排了一场定损员与定损宝的人机PK，从某保险公司的数据库抽取12个理赔案例的现场查勘图片，让定损宝与6名资深定损员进行竞比，结果是，在2个存有分歧的案例中，一个是定损员不准确，一个是定损宝不准确，打了个平手。对其余案例的定损中，定损宝用时6秒钟，定损员用时6分钟，定损宝的定损速度显然占优。当时有人质疑，定损宝只能处理车辆的外观损伤，对于内部损伤无能为力。蚂蚁金服总裁辩称，60%的车险损伤都是外观损伤。

在现代科技创新的不断推动下，“保险＋科技”新模式的融合发展已成为国际保险行业发展的新亮点。大数据、区块链、人工智能、云计算、基因检测和可穿戴设备等新科技正在逐步改变国际保险行业的生态，并深入嵌合到保险经营的各个环节和多种应用场景中，从根本上重塑了保险产业的生态结构。在新兴技术的支撑下，各类保险科技主体积极推动保险与科技深度融合，开发出契合保险消费者和实体经济需求的业务场景和创新产品，同时显著提升了保险业的发展质量、管理效率和服务能力。面对保险科技的蓬勃发展，无论是保险学专业建设还是学科发展，都不能无动于衷，需要嵌入科技元素，积极寻求科技赋能，与保险科技一起共谋发展。

第四章　保险行业人才需求调查

随着经济、社会的不断发展和进步，保险作为一种特殊的金融消费品日益重要。各种意外事故和自然灾害屡屡发生，天灾人祸不期而至，人们的风险意识不断提高，投保人和被保险人的范围呈日趋增长和扩大趋势，这就为保险人员推销保险、开拓业务活动创造了有利的条件。随着金融保险业的进一步开放，市场主体还会增多，保险业的发展前景非常好。研判保险业的发展，一般以原保险保费收入这个指标衡量，保险业保费收入的增速都会远高于 GDP 的增幅，这也引来可观的社会资本的涌入热情，每年都有超过 200 家企业排队申请保险牌照，这说明整个社会都在关注保险业发展，认同保险业的社会地位和经济投资价值。保险业是一个知识、技术、人才和资本密集型行业，而保险业的快速发展又催生了大量的人才需求。据 2019 年相关保险年鉴数据，我国现有保险公司 180 家，其中财产保险公司 88 家、人身保险公司 92 家。一般总部级别的保险公司需要内勤工作人员不少于 70 人，各地分公司一般要有 50～60 人，支公司要有 30～40 人。随着市场主体的增多，会进一步增加相应的人才需求。但也有人对此不乐观，认为保险业人才是供大于求，其依据是各保险公司每年进行招聘时，收到的保险、法律、外语、财会、投资专业人才的应聘简历数量是招聘数量的若干倍。据保险业从业专家介绍，公司最难招到的人才有两类：一类是既具备扎实的保险理论基础又有实践经验的中高层管理人员，另一类是能胜任核保、理赔等技术层面工作的核心管理人员。此外，新产品开发、信息安全维护和保险基金投资方面的优秀管理人员也颇受保险公司的欢迎。一方面，很多应届毕业生找不到心仪的工作；另一方面，保险公司更难招聘到理想的人才，这就是保险人才供需的结构性矛盾。全面了解保险行业的人才需求状况，对高校保险学专业人才培养及教育教学改革至关重要。为了进一步了解保险业的人才需求状况，调查工作不可少。

一、保险公司人才需求调查

我们利用问卷星，就此问题开展线上调查，有 50 家保险公司进行了积极回应。从调查结果看，保险公司招聘财经院校毕业生，还是以保险学专业的居多，占比达 80%，如表 4-1 所示。

表 4-1　保险公司对招聘的专业要求分布

专业	数量（人）	比例（%）
保险学专业	40	80
金融投资专业	26	52
法学专业	16	32
会计学专业	14	28
网络工程专业	3	6
商务英语专业	2	4
其他	8	16

从岗位情况看，毕业生在核保部、理赔部和客户服务部的岗位居多，如表 4-2 所示。

表 4-2　高校保险学专业毕业生从事的岗位

部门	岗位人数（家）	比例（%）
外勤部	11	22
行政部	5	10
财务部	3	6
人事部	4	8
核保部	27	54
理赔部	17	34

（续）

部门	岗位人数（家）	比例（%）
核赔部	14	28
客户服务部	21	42
其他	14	28

通过对保险公司访谈了解到，保险市场对不同岗位的人才需求是不同的。精算师是一个技术性非常强的工作。掌握精算技术的保险从业人员必须精通金融、保险、统计等学科知识。但从目前的情况来看，该方向对培养对象的数学能力要求极高，因此很多开设保险学专业的本科院校只是单独设立保险精算课程，并没有围绕精算开设系列课程。伴随保险业的快速发展，保险公司积累了数额巨大的保险基金，保险公司已成为金融市场中最重要的投资者。“新国十条”颁布后，中国保险监督管理委员会（以下简称保监会）进一步放宽了保险资金的投资渠道。然而，投资毕竟是一项具有风险的操作。因此，如何规避保险投资中的风险，如何让保险资金被利用起来创造更多的社会价值，对保险公司来说十分重要。保险公司对保险投资人才的需求应运而生。保险投资岗位招收的保险学专业的毕业生并不多，此岗位一般面向投资专业。保险公司的顺利运营，需要各部门、各机构的通力合作。保险公司的常规岗位包括核保岗、核赔岗、保全岗、各个险种的运营岗等，这些岗位需要大量的保险学专业人才，这是本科保险学专业毕业生的主要工作去向。保险销售是保险公司保费收入的关键，保险销售人员是保险行业需求量最大、门槛最低的岗位，目前的状况是专科以上的学历即可入职保险公司进行保险销售工作，而且对毕业生的专业没有要求。但由于职业理念的原因，愿意从事保险销售工作的毕业生并不多，保险学专业毕业生更不愿意从事保险销售，加上大多数保险公司依然是依靠人海战术的粗放经营模式，保险销售人员流动性强，致使很多保险公司对这类人才的需求缺口十分巨大。

针对保险公司招聘时，对毕业生的要求比较苛刻，额外要求较多，尤其是工作经验的说法，我们的调查结果与此不一致，保险公司引进人才时对毕业生的工作经历或工作经验并没有硬性要求，欢迎有社会实践经历的毕业生，也不过分看重学校的名气，最看重的是学生与人沟通的能力（表 4-3、表 4-4），保险公司对毕业生工作经验的要求如图 4-1 所示。

表 4-3　保险公司对人才工作经验的要求情况

工作经验要求	数量（家）	比例（%）
无要求	25	50
一年	13	26
两年	6	12
三年	1	2
三年以上	5	10

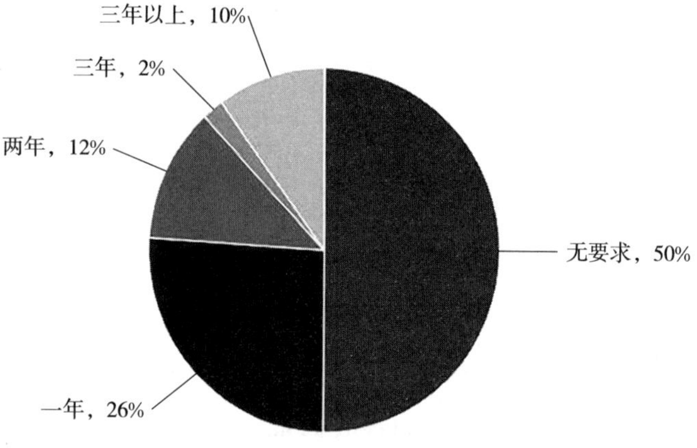

图 4-1　保险公司对毕业生工作经验的要求情况

表 4-4　保险公司对毕业生学校及毕业生综合能力要求情况

要求	数量（家）	比例（%）
学校的名气	15	30
学生的社会实践能力	31	62

（续）

要求	数量（家）	比例（%）
学生的沟通能力与反应能力	42	84
学生的态度	29	58
学生的社团活动	7	14
学生的学习成绩及获奖情况	19	38
其他	3	6

在学历要求方面，大多数保险公司希望招聘本科学历的毕业生，对专科学历毕业生不感兴趣。保险公司引进保险学专业毕业生时，对其学历要求如表 4-5 所示。

表 4-5　保险公司对毕业生学历的要求情况

学历要求	数量（家）	比例（%）
硕士研究生以上	12	24
硕士研究生学历	22	44
本科学历	37	74
大专学历	5	10

保险公司招聘毕业生，除学历要求外，更希望他们能够掌握扎实的专业基础知识，知识结构全面，如销售类基础知识、计算机技能和理财类基础知识等，如表 4-6 所示。

表 4-6　保险公司对毕业生知识和技能的要求情况

技能要求	数量（家）	比例（%）
计算机技能	31	62
保险学专业基础知识	45	90
理财类基础知识	20	40
销售类基础知识	38	76
其他	6	12

每一家保险公司都希望把学习能力强、擅长语言表达、素质较高的毕业生招至麾下，这在调查中得到充分印证，如表 4-7 所示。

表 4-7 保险公司对毕业生能力的要求情况

能力要求	数量（家）	比例（%）
身体素质	32	64
思想道德素质	39	78
学习能力	43	86
外语交际能力	6	12
语言表达能力	40	80
心理素质	29	58
信息受理能力	18	36
专业素质	32	64

很多年来，在校学生热衷于考各种证书，且热情不减，他们考证书的积极性来自市场需求的驱动，用人单位要求什么，他们就考什么，完全是一种被动应对，如大学英语四六级，是人人必考的，因为学校是将这个成绩与毕业挂钩的，更重要的是用人单位也看这个成绩。如今学校不再将大学英语四六级成绩与毕业挂钩了，但每年参加大学英语四六级考试的学生还是很多，原因是用人单位还有这个要求。保险业对毕业生各类证书的要求情况如表 4-8 和图 4-2 所示。

表 4-8 保险公司对毕业生各类证书的要求情况

各类证书要求	数量（家）	比例（%）
大学英语四六级	25	50
奖学金证书、优秀毕业生等	20	40
计算机类证书	25	50
精算类证书	14	28
会计类证书	16	32

（续）

各类证书要求	数量（家）	比例（%）
证券类证书	7	14
银行类证书	5	10
保险类证书	37	74
其他	5	10

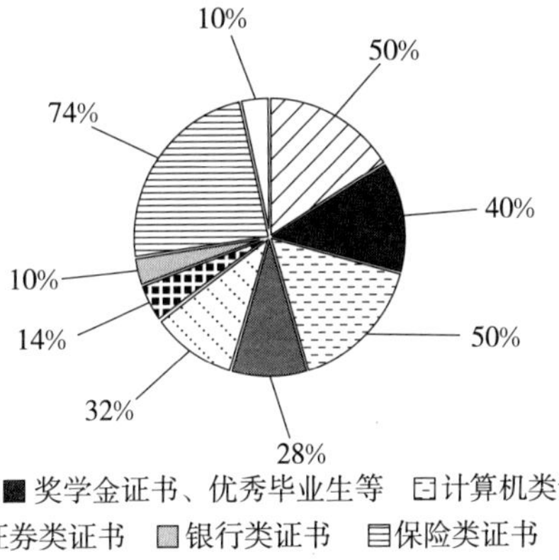

图 4-2　保险公司对毕业生各类证书的要求情况

从调查情况看，保险公司的证书情结并没有弱化，只是结构比例发生了微妙变化，突出了对金融类证书尤其是保险类证书的要求，对大学英语四六级的要求虽有所弱化，但没有完全放弃。近年，金融保险行业进行了一系列的改革，一些单位从过去要求持证上岗到取消考证，除证券公司，金融行业其他类机构不再要求从业人员具有从业资格证。保险行业代理人资格证、经纪人资格证和公估人资格证的考试都取消了，代理人、经纪人和公估人不再要求持证上岗了，在校学生自然也就不用考取这类证书了。但保险公司招录新人时，对计算机类和会计类证书的要求还是很看重的，这也就自然引导着保险学专业学生应考。此外，金融保险类学生对教师资格证的考试热情逐渐高涨，这与就业形势有关。近年，金融类专业学生考研率在逐年提高，这是就业难的信号反映，在这个背景下，考取教师资格证是学生应对就业难的主动策略之一，更是个重要的二手准备，如果在金融保险行业找不到理想的工作，就去报考学校的教师岗位。

二、保险公司对保险学专业毕业生能力要求的调查

在这次人才需求调查中，我们还设计了关于保险公司对学校教学改革的看法和建议、对保险人才的能力要求的问题，并得到了积极回应。保险公司普遍反映，目前学校设置的课程内容陈旧、滞后，与社会发展脱节，如表4-9和图4-3所示。

表4-9　保险公司对学校教学改革的看法情况

看法	数量（家）	比例（%）
理论性强，缺乏可操作性	32	64
课程内容赶不上日新月异的发展，出现明显的滞后性	20	40
课程没有很好地与企业需求结合	38	76
没有针对相关资格证需要设立教学课程	15	30
其他	3	6

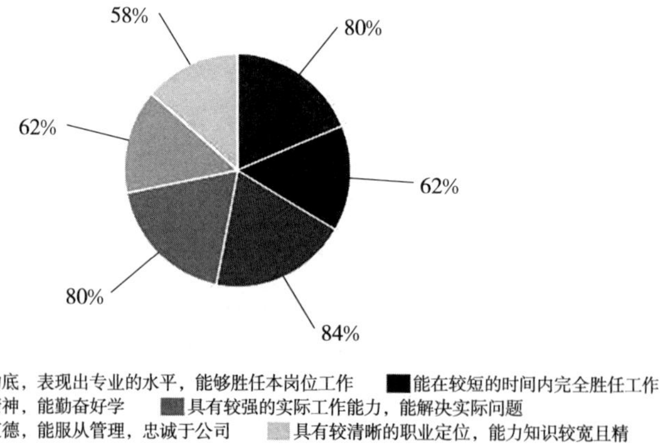

图4-3　保险公司对于保险人才的能力要求情况

在学校开设的课程中，保险销售实务、保险市场和保险产品解读被普遍认可，如表 4-10 所示。

表 4-10　保险公司对保险学专业教学开设课程的认可情况

课程	数量（家）	比例（%）
保险市场	29	58
保险产品解读	29	58
保险销售实务	31	62
保险采购实务	6	12
保险经纪服务	14	28
风险识别	27	54
保险经纪公司经营管理	11	22
保险项目管理	25	50
其他	3	6

高校保险教育改革可以从表 4-11 所示的几点开展。

表 4-11　保险公司对保险教育改革的建议

建议	数量（家）	比例（%）
处理好保险学与其他学科之间的交叉关系	19	38
改进教学方法，加强学生独立思考、分析和解决问题的能力	35	70
应用现代教育技术，提高教学质量	16	32
改革考核方式，不拘泥于传统课程的考核方法	21	42
增加校外课堂，加强社会实践环节	41	82
其他	2	4

由问卷调查可知，保险公司对高校人才的培养和教育教学中存在的问题切中要害，提出的建议很中肯。

三、保险学专业毕业生对教学改革的建议

高校的人才培养及教学改革应以市场需求为导向，通过对保险公司人才需求的调查，希望能帮助我们及时、全面地了解市场变

化，以便对人才培养方案及教育教学改革做出必要的修订和调整。保险学专业毕业生是我们培养出来的“产成品”，经历了我们的教育教学，他们在职场打拼多年，对教育教学和人才培养的感悟和体会是做好教育教学工作很重要的参考指标，我们应该俯下身子，认真倾听。

应聘时，保险公司非常看重保险学专业毕业生的专业知识和实习经历。保险公司对应聘者的关注点如表 4-12 所示。

表 4-12　保险公司对应聘者的关注点

关注点	数量（人）	比例（%）
性别	48	46.6
实习经历	74	71.84
GPA	15	14.56
学生会社团经历	30	29.13
参加比赛项目经历	24	23.3
丰富的保险学专业知识	74	71.84
其他	13	12.62

保险公司对学生的学习能力和心理素质很看重，至于技能要求，希望应聘学生有良好的沟通技巧和销售能力，如表 4-13 所示。

表 4-13　保险学专业毕业生应具备的综合素质

综合素质	数量（人）	比例（%）
创新能力	68	66.02
工作态度	84	81.55
心理素质	74	71.84
管理能力	48	46.6
学习能力	88	85.44

（续）

综合素质	数量（人）	比例（%）
合作意识	62	60.19
其他	4	3.88

保险学专业毕业生在应聘保险公司中了解到，保险公司对毕业生的技能证书要求不是很高（大多为从业资格证、计算机和英语四六级），更看重学生的沟通能力，具体情况如表 4-14 所示。

表 4-14　保险公司需要应聘者具备的资格和技能

具备的技能	数量（人）	比例（%）
CET4/CET6 高分	33	32.04
计算机二级	46	44.66
良好的销售沟通能力	88	85.44
会计/银行/证券/保险从业资格证	47	45.63
其他	9	8.74

作为教育工作者，我们深知我们的教育教学存在很多不足，如表 4-15 和图 4-4 所示，人才培养方面更是有不少短板。毕业生们结合自己的工作经历也有不少切身体会，尤其是理论与实际脱节、教学模式陈旧，人才培养缺乏校企合作，使他们吃了苦头、走了弯路。毕业生们非常希望老师能增加学生的抗压能力培养，重视学生沟通能力的训练。

表 4-15　高校在培养保险人才中存在的不足

存在的不足	数量（人）	比例（%）
理论与实践脱节	68	66.02
教学模式过于陈旧	44	42.72
校企合作欠缺	77	74.76
学生抗压能力和沟通能力重视不足	58	56.31
其他	3	2.91

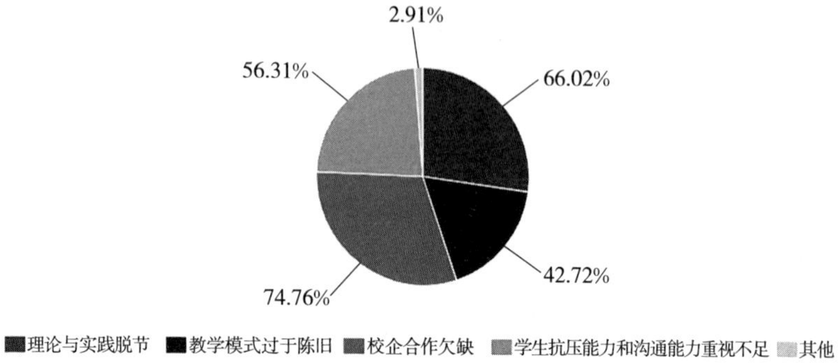

图 4-4　高校培养人才中存在的不足

在调查中了解到，保险学专业毕业生要求增加实践教学的呼声很高（表 4-16），并指出了学校实践教学环节的不足（表 4-17、图 4-5）。

表 4-16　高校保险课程教学中是否有必要增加实践环节

是否有必要增加实践环节	数量（人）	比例（%）
非常有必要	84	81.55
有必要	19	18.45
无所谓	0	—
没有必要	0	—

表 4-17　保险学专业实践教学存在的主要问题

主要问题	数量（人）
对保险学专业的就业岗位定位不准确	68
实践教学计划不完善，考评体系不健全	43
金融实验室有待完善	33
实践教学环节脱钩，教学方法单一	61
其他	2

他们还就解决实践教学问题提出了一些中肯的建议，如组织学生到合作保险公司实习、调研，聘请保险公司专家到学校讲座，组织学生开展社会调查等，如表 4-18 所示。

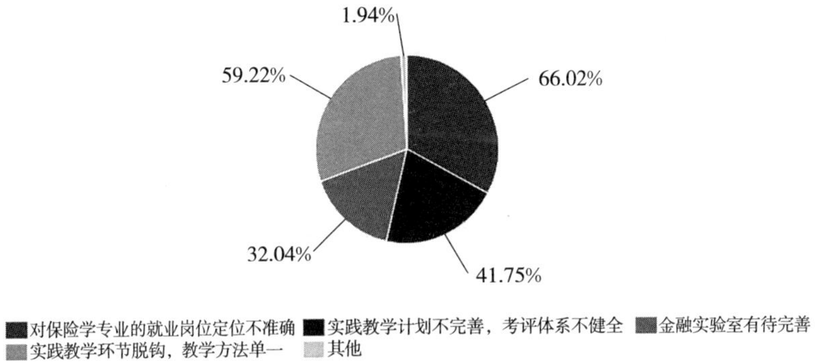

图 4-5 实践教学中存在的问题

表 4-18 加强实践教学的措施

措施	数量（人）	比例（%）
积极开展课外社会调查	46	44.66
加强校企合作，聘请合作的保险公司专业人员来校给师生们讲座	77	74.76
定期或不定期组织学生到合作保险公司实习、调研	89	86.41
运用“互联网＋教学”新模式下的多种教学手段	46	44.66
其他	3	2.91

在具体的教学环节，学生们非常喜欢小组讨论这种学习方式，更希望以情景再现的形式讲解案例，最好是以保险公司推出的险种及产品作为案例讲解材料。而他们提到的这些，我们做得很不够，今后应当朝这个方向努力。保险教学过程环节改进的建议如表 4-19 所示。

表 4-19 保险教学过程环节改进的建议

建议	数量（人）	比例（%）
非常有必要	70	67.96

（续）

建议	数量（人）	比例（%）
可以加	33	32.04
完全没有必要	0	0

他们非常希望教师用保险公司推出的险种及产品做案例来讲解，如表 4-20 和图 4-6 所示。

表 4-20　使用保险公司推出的险种及产品做案例来讲解是否有意义情况

是否有意义	数量（人）	比例（%）
非常有意义	81	78.64
有一些作用	20	19.42
无所谓	2	1.94

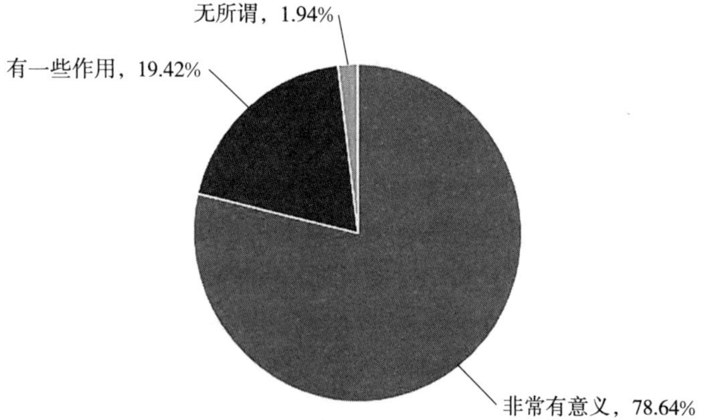

图 4-6　使用保险公司推出的险种及产品做案例来讲解是否有意义情况

对于课程考试，他们认为应改变方式，保险课程考核方式存在的问题如表 4-21 所示。

表 4-21　保险课程考核方式存在的问题

存在的问题	数量（人）	比例（%）
仅凭期末试卷成绩评价学生的学习，方式过于单一	41	39.81
试卷内容偏理论化、书本化	55	53.4
学生考核标准的不统一	3	2.91
符合人才培养标准，没有问题	3	2.91
其他	1	0.97

在学校和老师看来，考试一向是教学活动中很重要的环节。学校的学生管理办法注重结果考核，平时成绩与期末考试成绩的比例是2∶8，一般不允许开卷考试，试题不得少于四类题型，这样做的结果是学生不注重平时学习，把精力全用在应付期末考试上，“上课记笔记，考前背笔记，考完以后全忘记!”就是优秀学生学习的生动写照。近些年，学校对课程考试的管理不断放开，在平时成绩与期末成绩比例和开卷、闭卷方面给予老师更多的自主权，这些改革方向是对的，当然在放权的同时监督也要跟上，以防老师徇私舞弊。我们认为，对于老师的严管理没有错，但不能以防贼的心理来管理。学校对教学活动的管理也要在“放管服”上多下功夫。一些老师也在课程考试方面进行了有益的探索，如开卷考试，但刚开始很受学生欢迎，后来逐渐发现弊端不少，特别是写论文（文章）形式，抄袭普遍，后来学生们也厌倦了这种考试形式。老师们就开始探索其他考试形式，逐渐加大平时成绩的比例，于是学校在开卷考试方面收紧了口子，规定必修课不允许开卷考试，尤其禁止写论文（文章）形式。无论是开卷还是闭卷，关键看老师的命题，多出一些考查学生独立思考、分析和解决问题能力的题才会更有意义，也会受到学生的欢迎。

高校保险学专业教育的改革千头万绪，对此，保险学专业毕业生的反馈意见如表 4-22 所示。

表 4-22　改进教学方法的建议

改进教学方法的建议	数量（人）	比例（%）
处理好保险学与其他学科之间的交叉关系	65	63.11
改进教学方法，加强学生独立思考、分析和解决问题的能力	73	70.87
应用现代教育技术，提高教学质量	39	37.86
改革考核方式，不拘泥于传统课程考核方法	49	47.57
增加校外课堂，加强社会实践环节	74	71.84
其他	1	0.97

第五章　部分高校保险学专业人才培养方案的修订与调整

近年来，在全球经济一体化浪潮的推动下，保险资本、人才、产品、服务跨国界流动，使保险业的国际化经营态势越加明显。国际保险业结构性调整步伐加快，各种创新活动空前活跃，这些创新活动不但增加了对保险人才的需求，更对保险人才的素质和能力提出了新的要求。在此背景下，国内各高校提高了开设保险学专业的积极性和热情。据 2019 年《中国保险年鉴》的统计，全国开设保险学专业的高等院校（高校）有 126 所，设置保险学院的高校有 5 所，设置保险系的高校有 27 所。在开设保险学专业的高校中，财经类大学有 51 所，是最多、最集中的。其次是综合性大学，有 45 所，理工类大学有 6 所，职业技术类大学有 13 所，政法类大学有 1 所；财经政法类大学有 2 所，在校学生（含研究生和博士生）共有35 745人，师资力量为 1 895 人。业界把这些高校的保险教育模式进行归纳分类，分为南开大学教育模式、武汉大学教育模式、西南财经大学教育模式和保险职业学院教育模式四种保险教育模式。南开大学教育模式代表的是首批引入保险教育的老牌综合性高等院校。这类高校的保险学专业开办历史较长，师资力量雄厚，科研能力超强。他们在各自的经济学院中下设与金融系平行并列的保险系（也有的在金融学院中设置保险系）。这一模式的显著特点是坚持开放办学，与国内外有关单位进行广泛的合作或联合办学。武汉大学教育模式主要代表国内的一流综合大学。这类大学有很高的社会知名度，新兴的保险教育可以依托名校，坚持多层次、多结构、多方向和开放式的办学理念，赢得较高的社会认可度。西南财经大学教育模式则代表我国有一定影响力的财经类高等院校。这类高校专业设置齐全，办学规模大，强调经济贸易、金融会计等专业的特色，并注重保险学专业的独立性。保险职业学院教育模式主要理念是以市场和社会需求为导向，坚持“立足保险，服务社会”的开放式办学。保险职业学院以国内保险界的岗位培训及各种资格考试培训为主要教学任务，面向保险企业输送保险学专业的各类高级技术型人才。人才培养是大学的第一使命，是高等教育的生命线，是国家实现可持续发展和增强综合国力的关键。在保险科技融合发展的趋势下，随着行业发展对保险学专业人才需求的新变化，各高校保险院系纷纷对保险学专业人才培养方案进行修订和调整，本章主要对部分高校修订和调整的人才培养方案进行梳理分析。

一、山东财经大学 2019 级保险学专业人才培养方案

山东财经大学保险学院成立于 2011 年 11 月，由原山东财政学院、山东经济学院两校相关专业整合而成。学院下设风险管理与保险系和精算系，并成立了保险精算与医养健康研究中心、投融资风险与财富管理研究中心、中国保险市场与监管研究所、风险计量与预测研究所 4 个研究机构。保险学院目前设有两个本科专业：保险学专业和精算学专业，逐渐形成了“重交叉、厚基础、偏应用”的鲜明办学特色。

（一）专业培养目标与培养要求

为贯彻落实《国家中长期教育改革和发展规划纲要（2010—2020 年）》《教育部关于全面提高高等教育质量的若干意见》等文件精神，在金融学类教学质量国家标准基本要求的基础上，根据山东财经大学的定位和办学特色，制订保险学专业人才培养方案。

本专业培养德、智、体、美、劳全面发展，系统掌握经济学、金融学等方面的基础理论知识，具有扎实的保险学专业知识和基本技能，富有创新精神和社会责任感的高素质复合型应用人才。毕业生可胜任在金融机构特别是各类保险机构的经营管理工作或在大型

企业、政府机关、高等院校、研究机构等的风险管理、教学及科研等工作。

本专业毕业生应获得以下几方面的知识、能力和素质。

1. 知识要求

（1）工具性知识：熟练掌握一门外语，具备较强的外语阅读、听、说、写、译的能力；熟练运用现代信息管理技术和工具进行专业文献检索、数据处理、模型设计和解决实际问题等；熟练使用专业数据库进行专业论文及研究报告撰写等。

（2）专业知识：牢固掌握经济学、金融学等方面的基础知识和专业知识，掌握必备的研究方法。

（3）其他相关领域知识：了解其他相关领域的知识，形成均衡的知识结构。

2. 能力要求

（1）获取知识的能力：掌握有效的学习方法，具有终身学习意识和自我管理、自主学习的能力，适应社会和个人的可持续发展。

（2）解决问题的能力：具有扎实的保险学专业理论功底与基本实务技能，能够对保险领域的复杂问题进行综合分析和研究，并提出相应的对策或解决方案。

（3）批判性思维和创新能力：具有批判性思维、创新精神和创新能力。

3. 素质要求

（1）思想道德素质：努力学习中国特色社会主义理论体系；遵守宪法、法律和法规，遵守公民道德规范。遵守《高等学校学生行为准则》，遵守学校管理制度；具有良好的道德品质和文明习惯；践行社会主义核心价值观；培养良好的职业操守和职业道德，具备社会责任感和人文关怀意识。

（2）专业素质：熟悉国家有关保险的方针、政策和法规；了解保险业及相关领域的最新动态和发展趋势。

（3）科学文化素质：具有较好的人文科学知识与科学素养，理解和尊重世界不同文化的差异性和多样性。

（4）身心素质：身心健康，德、智、体、美、劳全面发展，具有良好的沟通表达能力和团队合作能力。

4. 专业培养特色

遵循厚基础与宽口径兼顾原则，本课程安排保证学生具有厚实的基础理论知识和宽泛的专业方向口径，满足学生增长知识、提高能力和素质等方面的要求；理论与实务并重，在专业课程的设置上，既有保险理论性较强的课程，也有与现行保险公司经营和业务流程相适应的实务性课程，同时增加独立实验课来增强学生的感性认识和动手能力；增加金融方面的课程，保险是金融业的三大支柱之一，因此在课程设置上并不仅仅拘泥于保险课程，特别增加了一些金融方面的核心课程。

5. 主干学科与核心课程

（1）主干学科：应用经济学。

（2）核心课程：微观经济学、宏观经济学、会计学、财政学、统计学、金融学、政治经济学、计量经济学、保险学、财产与责任保险、人寿与健康保险、保险精算学、风险管理学、保险会计。

6. 修业年限

本科基本修业年限为 4 年。根据学校学分制管理规定，实行 3～6 年弹性学制，学生可提前 1 年或延长 2 年毕业。

（二）毕业学分标准

学生修满教学计划中规定的课程总学分 155 学分和各模块应修学分，方准毕业，具体要求如下。

（1）通识教育课程 64 学分，其中，通识必修课 44 学分，通识选修课 20 学分且需修满每个模块要求的最低学分。

（2）专业教育课程 64 学分，其中，专业基础课 24 学分，专业必修课程 18 学分，专业选修课需最低选修 22 学分。

（3）独立实践课程 27 学分，其中，实践必修 22 学分，专业实践选修课需最低选修 2 学分，创新创业实践选修课 3 学分。

（三）学位授予

按要求完成学业，达到毕业学分要求，并符合学士学位授予条件者，授予经济学学士学位。

（四）课程体系及学分学时分配

课程按内容分为通识教育课程模块、专业教育课程模块和独立实践课程模块。课程按性质分为必修课、选修课两类。其中，必修课包括通识必修课、专业基础课、专业必修课和实践必修课，选修课包括通识选修课、专业选修课和实践选修课（表 5-1）。总学分 155 分，其中必修课 108 分，占总学分的 69.68%；选修课 47 分，占总学分的 30.32%；实践教学 39.36 分，占总学分的 25.39%（表 5-2）。

表 5-1　课程体系框架及学分学时统计表

课程类别		课程总学分	课程总学时	学时类型		学期、周数、周学时分配							
				理论	实践	一	二	三	四	五	六	七	八
						14	17	17	17	17	17	17	17
通识教育课程模块	通识必修课	44	782	714	68	11	19	11	3				
	通识选修课	20	334	334		2	2	6	4	4	2		
	小计	64	1 116	1 048	68	13	21	17	7	4	2		
专业教育课程模块	专业基础课	24	399	356	43	3	6	6	6	3			
	专业必修课	18	306	260	46			3	6	6	3		

（续）

课程类别		课程总学分	课程总学时	学时类型		学期、周数、周学时分配							
				理论	实践	一	二	三	四	五	六	七	八
						14	17	17	17	17	17	17	17
专业教育课程模块	专业选修课	22	374	304	70				3	7	10	2	
	小计	64	1 079	920	159	3	6	9	15	16	13	2	
独立实践课程模块	实践必修课	22	96		96	2					4		
	专业实践选修课	2	34		34						2		
	创新创业实践选修课	3											
	小计	27	130		130	2					6		
合计		155	2 325	1 968	357	18	27	26	22	20	21	2	

注：专业选修课的“小计”一行中，“学期、周数、周学时分配”一栏所列数字是建议学生各学期修读的学时，学生可根据自身情况予以调整。

表 5-2　实践教学学分分配及比例

课内实践学分	独立实践课学分	实践学分合计	占总学分的比例
12.36	27	39.36	25.39%

注：课内实践学分＝通识课课内实践学分＋专业课课内实践学分。

（五）教学计划进程表

保险学专业教学计划进程表如表 5-3 至表 5-5 所示。

表 5-3　保险学专业教学计划进程表（通识课平台）

课程类别		课程代码	课程名称	课程总学分	课程总学时	学时类型		周学时	开课学期	先修课程
						理论	实践			
通识必修课	思想政治理论课	11200011	形势与政策	2	64	64			1～8	
		11200081	思想道德修养与法律基础	3	42	42		3	1	
		11200031	中国近现代史纲要	2	34	34		2	2	
		11200041	毛泽东思想和中国特色社会主义理论体系概论	4	68	68		4	3	思想道德修养与法律基础/中国近现代史纲要
		11200051	马克思主义基本原理概论	3	51	51		3	4	思想道德修养与法律基础/中国近现代史纲要
	创新创业课	04200041	大学生成长与发展指导Ⅰ（新生研讨课）	1	14	14		1	1	
		26200011	大学生成长与发展指导Ⅱ（创新、创业意识与能力培养）	2	34	17	17	2	2	大学生成长与发展指导Ⅰ
		26200021	大学生成长与发展指导Ⅲ（创新体验与实战）	1	17		17	1	3	大学生成长与发展指导Ⅱ
	公共基础课	15200551	大学英语Ⅰ	3	42	42		2+1	1	
		15200561	大学英语Ⅱ	3	51	51		2+1	2	大学英语Ⅰ

（续）

课程类别		课程代码	课程名称	课程总学分	课程总学时	学时类型		周学时	开课学期	先修课程
						理论	实践			
通识必修课	公共基础课	15200531	大学英语Ⅲ	2	34	34		2	3	大学英语Ⅱ
		16200011	微积分Ⅰ	3	42	42		4	1	
		16200021	微积分Ⅱ	4	68	68		4	2	微积分Ⅰ
		16200031	线性代数	3	51	51		3	2	
		16200041	概率论与数理统计	4	68	68		4	3	微积分Ⅰ、Ⅱ
		06200201	程序设计基础（R）	3	68	34	3	2+2	2	大学计算机
		41100666	大学生心理健康教育	1	34	34		1	2	
			小计	44	782	714	68			
通识选修课			财经特色类	≥2						
			传统文化类	≥4						
			创新创业类	≥2						
			人文社科类	≥2						
			自然科学类	≥2						
			体育保健类	4	130	130				
			跨专业课程							
			小计	20	334	334				

表 5-4　保险学专业教学计划进程表（专业课平台）

课程类别	课程代码	课程名称	课程总学分	课程总学时	学时类型 理论	学时类型 实践	周学时	开课学期	先修课程
专业基础课	01200031	政治经济学	3	42	42		3	1	
	01200011	微观经济学	3	51	49	2	3	2	微积分Ⅰ
	08200011	会计学	3	51	45	6	3	2	
	01200021	宏观经济学	3	51	51		3	3	微观经济学
	02200011	财政学	3	51	47	4	3	3	微观经济学
	17200101	统计学	3	51	34	17	3	4	概率论与数理统计
	03200011	金融学	3	51	47	4	3	4	微观经济学
	17200021	计量经济学	3	51	41	10	3	5	统计学
	小计		24	399	356	43	24		

表 5-5　保险学专业教学计划进程表（独立实践课平台）

课程类别			课程代码	课程名称	学分	总学时	开课起止周/周数	周学时	开课学期	先修课程
基础实践（必修）			94200012	军事课	4		2～3	√	1	
			04200062	劳动实践	0.5		1周	√	3	
			04200022	读书活动Ⅰ	0.5			√	1～2	
			04200032	读书活动Ⅱ	0.5			√	3～4	
			18200212	大学计算机	1	28	4～17	2	1	
专业实践	单独开设专业实践课	必修选修（最低选修2学分）	04300312	保险业务综合实验	2	34	1～17	2	6	保险学
			04300392	保险营销专项实习	2	34	1～17	2	6	保险营销学
			04300292	风险模拟实验	2	34	1～17	2	6	
			04300322	风险分析与决策实验	2	34	1～17	2	7	
			选修实践课小计		2	34				

（续）

课程类别		课程代码	课程名称	学分	总学时	开课起止周/周数	周学时	开课学期	先修课程
专业实践	实习与论文（必修）	04300072	学年论文	0.5			√	6	
		04300032	毕业实习	3		6周	√	7～8	
		04300042	毕业论文	4		12	√	7～8	
思政实践（必修）		92200032	思想政治理论课实践与社会实践Ⅰ	1			√	5	
		92200042	思想政治理论课实践与社会实践Ⅱ	1			√	7	
创新创业实践	必修	26200052	大学生创新创业模拟实训	2					
	选修（最低选修3学分）	92200052	第二课堂实践创新活动	3			√	6	
合计				27					

二、对外经济贸易大学保险学专业人才培养方案

对外经济贸易大学是教育部直属的全国重点大学，首批“211工程”和首批“双一流”建设高校，对外经济贸易大学保险学院由原对外经济贸易大学保险系和原中国金融学院保险系合并形成，自1951年开始就一直从事保险理论和实务的教学和研究工作，是全国高校中最早开设保险学专业课程的院校之一。2016年，精算学作为独立专业获得教育部批准。该学院以一流的学科建设、一流的师资团队，全力培养以国际化为特色的，能够胜任风险管理与保险、精算与统计、社会保障管理工作的高级复合型专业人才。

（一）培养目标

本专业培养适应社会主义现代化建设需要，德、智、体、美全面发展，具有扎实的经济学和管理基本理论及经济、金融、管理和法律等专业知识，掌握风险管理与保险的基本知识与基本技能，能在国内外各类金融机构、大中型企业及政府部门从事保险管理与研究工作的国际化、复合型高素质专门人才。

（二）专业要求

（1）具有较宽的知识面，对政治、历史、文化和自然科学等方面有较深刻的了解。

（2）具备坚实的数学和统计学基础，掌握必要的计算机和网络技能，具有较全面的法律和财务分析能力。

（3）熟练掌握一门外国语，在听、说、读、写、译五个方面均达到较高的水平。

（4）具有扎实的专业基础，掌握本专业的基本理论，熟悉保险险种、保险公司经营与管理及保险法律、法规。

（5）通过听课、课堂讨论、参加研讨会及实践活动、考试、撰写论文，利用图书馆和现代化信息传播技术等多种途径，开发培养学生的分析能力、创造能力和决策能力。

（三）学分要求

学生毕业所应取得的最低总学分为 173 学分，其中包括课程学分和实践教学学分。

（1）课程学分为 145 学分，课程学分表如表 5-6 所示。

表 5-6　课程学分表

课程类别	课程组	课程子模块	学分
通识课程 （14 学分）	核心通识课程	文史经典与文化传承 世界文明与全球视野 批判性思维与哲学智慧 文学修养与艺术鉴赏 科学精神与未来趋向	4

（续）

课程类别	课程组	课程子模块	学分
通识课程（14 学分）	选修通识课程	文学与写作	3
		艺术	5
		文化与历史	
		哲学与心理学	
		社会科学	
		自然科学	2
	新生研讨课	新生研讨课	1
		经济学专题	—
通修课程（76 学分）	政治理论与思想品德		17
	英语（20 学分）	语言技能	不低于 10 学分
		其他	
	体育与健康		4
	数学	B 类	16
	信息技术基础		4
	经管法基础（12 学分）	经济类	不高于 3 学分
		管理类	
		法学类	不高于 3 学分
		国际组织类	
	职业发展与创新创业		2
专业课程（55 学分）	学科基础课程（40 学分）	必修课	18
		选修课	22
	专业方向课程		15

（2）暑期学校课程要求修读不少于 2 门暑期学校课程。

（3）实验课程：实验课学分表如表 5-7 所示。

表 5-7　实验课学分表

课程类别	课程代码	课程名称	课程子模块	学分
实验课程	INS406	保险营销学	选修课	2
	INS334	社会保障基金管理	选修课	2
	INS325	财产与责任保险	必修课	3
	INS317	保险投资学	选修课	2

（4）实践教学学分为 28 学分，实践教学学时学分规定如表 5-8 所示。

表 5-8　实践教学学时学分规定

项目		周数	周学时	总学时	总学分
社会实践	军政训练	2	50	100	2
	社会调查	2	50	100	2
	其他实践	1	50	50	1
专业实习	认知实习	1	30	30	1
	岗位实习	6	50	300	10
毕业论文		24	10	240	12
合计		36	—	820	28

①学生必须完成学校要求的实践教学环节，取得相应学分。

②实践教学环节学时学分计算规则：社会实践 50 学时计 1 学分；专业实习 30 学时计 1 学分；毕业论文 20 学时计 1 学分。

③学生在教师的指导下，完成毕业论文并通过论文答辩。学院鼓励学生进行创业类毕业设计，培养大学生的创新创业意识，提高学生的创业能力和实践能力。

（四）通识通修课程选修要求（专业入门课程）

修读本专业的学生，在通识通修课中必须修读如表 5-9 和表 5-10 所示的课程。

表 5-9　通识通修课程表

课程分类	课程代码	课程名称	学时	学分	学期	备注
经管法	LAW210	民法学	48	3	2～3	必修课
	ECON301 IFI416	计量经济学	48	3	4～5	必修课
数学	MAT208	统计学	48	3	4～5	必修课
	MAT108	高等数学（一）	64	4	1	必修课
	MAT109	高等数学（二）	64	4	2	必修课
	CMP206	概率论与数理统计	64	4	3	必修课
	CMP104	线性代数	64	4	2	必修课

表 5-10　主要课程表

课程分类	课程代码	课程名称	学时	学分	学期	备注
学科基础	ECON104	微观经济学	48	3	2	必修课
	ECON105	宏观经济学	48	3	3	必修课
学科基础	INS303	保险学	32	2	3	必修课
	INS328	风险管理学	32	2	3	必修课
	INS206	公共财政学	32	2	4	必修课
专业方向	INS324	人寿与健康保险	48	3	4	必修课
	INS325	财产与责任保险	48	3	5	必修课

（五）考核

学生成绩考核严格按照《对外经济贸易大学学分管理条例》《对外经济贸易大学本科生学籍管理办法》及《对外经济贸易大学本科生成绩管理办法》的有关规定执行。

（六）保险学专业教学计划

保险学专业教学计划如表 5-11 所示。

表 5-11　保险学专业教学计划（2019）

类别	课程代码	课程名称	学时	学分	开课学期
学科基础必修课	ECON108	经济学导论	32	2	1
	ECON104	微观经济学	48	3	2
	ACC212	财务会计	48	3	3
	INS208	利息理论	48	3	3
	ECON105	宏观经济学	48	3	3
	INS303	保险学	32	2	3
	INS328	风险管理学	32	2	3
学科基础必修课合计			288	18	
学科基础选修课	ECON202	国际经济学	48	3	3
	ITR206	国际贸易	48	3	4
	CUR431	税收理论与实务	32	2	4
	ECON211	当代中国经济专题	32	2	4
	INS215	养老金经济学	32	2	4
	INS306	社会保险	32	2	4
	INS314	随机数学方法	32	2	4
	INS327	社会保障经济学	32	2	4
	FIN311	商业银行管理	48	3	4
	FIN204	国际金融学	48	3	4
	INI212				4
	INS212	生存模型	48	3	4
	INS213	精算数学（一）	48	3	4
	ACC304	公司理财	48	3	4
	CUR416				5
	INS214	金融数学	48	3	5

（续）

类别	课程代码	课程名称	学时	学分	开课学期
学科基础选修课	INS345	精算数学（二）	48	3	5
	INS423	非寿险精算学	48	3	5
	ITR303	国际贸易实务	48	3	5
	INS224	金融企业财务分析	32	2	4
	LAW407	国际商法	64	4	5
	CUR330	金融风险管理	48	3	5
	INS364	劳动经济学	32	2	5
	INS218	劳动法与社会保障法	48	3	5
	INS223	薪酬与绩效管理	48	3	6
	INS317	保险投资学	32	2	5
	INS320	保险会计学	32	2	5
	INS362	医疗保险	32	2	5
	INS334	社会保障基金管理	32	2	5
	INS343	风险理论	32	2	5
	INS361	健康经济学	48	3	6
	INS357	金融经济学	64	4	6
	INS310	再保险	32	2	6
	INS350	理财规划与保险	32	2	6
	INS365	精算数学（三）	48	3	6
	INS406	保险营销学	32	2	6
	INS410	保险公司经营与管理	32	2	6
	INS415	海上保险学	32	2	6
	INS422	企业年金	32	2	6
	SEC334	金融工程学	48	3	6
	INS358	保险企业资产管理	32	2	7
	INS359	金融风险分析	32	2	7
	MGT301	国际企业管理	32	2	7

（续）

类别	课程代码	课程名称	学时	学分	开课学期
学科基础选修课	INS428	保险研究与论文写作	16	1	7
	INS206	公共财政学	32	2	4
	INS222	社会保障学	32	2	4
	INS221	人力资源开发与管理	32	2	4
学科基础选修课应选修合计			1 728	110	
专业方向必修课	INS324	人寿与健康保险	48	3	4
	INS325	财产与责任保险	48	3	5
	INS338	保险法	48	3	5
	INS411	保险经济学	32	2	5
	INS360	员工福利计划	32	2	6
	INS348	企业风险管理	32	2	6
	专业方向必修课合计		240	15	

三、武汉大学保险学专业人才培养方案

武汉大学的保险学专业设在经济与管理学院。该学院是学校办学规模最大的学院，也是学校综合实力领先、社会影响较大的学院之一。学院学科门类齐全，专业优势突出。学科涵盖经济与管理两大门类，拥有四个一级学科：理论经济学、应用经济学、工商管理、管理科学与工程。四个一级学科全部具有一级学科博士学位授予权并都设有博士后科研流动站。理论经济学一级学科、金融学二级学科是国家级重点学科；全部学科为湖北省优势或重点学科。学院师资力量雄厚，梯队结构合理。2018 年现有专任教师 281 人，其中教授 98 人，副教授 107 人，讲师 40 人，特聘研究员 5 人，特聘副研究员 3 人，年薪制助理教授 28 人。学院坚持“尊重学者、崇尚学术、培育精英、追求卓越”的办学理念，按照“教学立院、科研强院、民主办院、改革兴院、制度治院、开放活院”的办院方略和“管理学科与经济学科并重、应

用研究与理论研究并重、教学与科研并重、质量与效益并重”的办院方针，努力实现“聚一流师资、建一流学科、育一流人才、出一流成果、创一流管理”。该学校没有按专业制订专业人才培养方案，而是把经济类的各专业统一为经济学大类来制订培养方案。武汉大学保险学专业是国内较早成立的保险本科专业之一。经几十年的发展，武汉大学已经成为国内风险管理与保险人才培养的重要基地。

（一）培养目标

依托国家级一级学科重点学科、“双一流”建设学科——理论经济学和湖北省重点学科——一级学科应用经济学，培养适应经济全球化和中国经济现代化需要，具有扎实的经济学基础知识和基本理论，掌握现代经济学的方法，熟悉中国经济运行与改革实践，知识面宽广、适应能力和实际工作能力强，兼具国际视野、人文情怀、创新精神和专业素养的德才兼备、全面发展的拔尖创新人才。

（二）学制和学分要求

（1）学制：四年。

（2）学分要求：学生在校期间必须修满不少于140学分，其中公共基础课不低于44学分，通识教育课程不低于12学分，专业教育课程不低于84学分。

（三）学位授予

授予经济学学士学位。

（四）主要实验和实践性教学要求

实验教学包括独立开设的实验教学课程和理论课程教学中的实验教学内容。专业实践教学环节包括毕业实习、暑期社会实践等。学生在第八学期进行专业毕业实习和研究撰写毕业论文，还可以在其他时间以其他方式参加社会实践。

（五）毕业生条件及其他必要的说明

学生完成培养方案规定的各项要求，其课程学习和毕业论文（含毕业实习等实践环节）的成绩合格，体质健康测试达到教育部要求的学生体质健康标准（2014 年修订），将准予毕业。其他毕业要求参照学校和经济与管理学院的相关规定学校和学院规定的有关课程如表 5-12 所示。

表 5-12　学校和学院规定的有关课程

课程类别	课程代码	课程名称	学分数			修读学期	备注
			总学分	理论课学分	实验（实践）课学分		
保险学专业（共计23 学分）	3150210011147	保险学原理	3	3		5	
	3150210011148	风险管理	3	3		5	
	3150210011149	保险公司经营管理	3	3		6	
	3150210011150	保险法学及案例分析	3	2	1	5	
	3150210011151	保险精算基础	3	3		5	
	3150210011118	毕业实习	2		2	8	
	3150210011119	毕业论文	6		6	8	
保险学专业（精算试验班，共计23 学分）	3150210011152	利息理论	3	3		4	
	3150210011153	保险学原理	3	3		5	
	3150210011154	精算模型	3	3		5	
	3150210011155	寿险精算	3	3		6	
	3150210011156	风险理论	3	3		6	
	3150210011118	毕业实习	2		2	8	
	3150210011119	毕业论文	6		6	8	

保险学专业的课程设置分为大类平台课程和专业必修课程两类。大类平台课程有政治经济学、微观经济学、宏观经济学、计量经济学、统计学、货币金融学、会计学、管理学、商业伦理与社会责任等课程。保险学专业必修课程包括保险学原理、风险管理、保险公司经营管理、保险法学及案例分析、保险精算基础、毕业实习、毕业论文。

精算试验班必修课程包括利息理论、保险学原理、精算模型、寿险精算、风险理论、毕业实习、毕业论文。

四、西南财经大学保险学专业本科人才培养方案

西南财经大学保险学院本科、硕士、博士和博士后办学层次完善。在本科办学层次中，设有保险学、劳动与社会保障和精算学三个专业。其中，在保险学专业中设置风险管理与保险、保险精算、保险财务与会计三个方向；在劳动与社会保障专业中设置企业年金方向；精算学本科专业于2018年获教育部批准建设。学院各类人才培养水平均处于国内领先地位，其中作为西南财经大学国家重点学科——金融学的重要组成部分，保险学专业被评为国家级特色专业，“寿险精算”被评为国家级精品资源共享课和四川省首批在线开放课程，“保险学原理”被评为四川省精品课程；社会保障被评为省级重点学科和特色专业，老龄化与社会保障研究中心被评为四川省社会科学重点研究基地。

（一）指导思想

高举中国特色社会主义伟大旗帜，以马克思列宁主义、毛泽东思想、邓小平理论、“三个代表”重要思想、科学发展观和习近平新时代中国特色社会主义思想为指导，全面贯彻党的教育方针，坚持社会主义办学方向，坚持立德树人的根本任务，以建设一流本科为目标，深化教育教学各项改革，引领“新财经”，立足中国大地，借鉴国际经验着力解决中国问题，培养德、智、体、美、劳全面发展的社会主义建设者和接班人。

（二）培养目标

本专业培养具有全球视野，系统掌握保险学、经济学和金融学理论，具备风险管理专业技能，掌握数据分析和处理技术并应用于解决各类保险问题，在具有攻读金融学保险学硕士研究生能力的同时，能胜任保险、银行、证券等金融机构及政府部门和企事业单位专业工作的金融创新型卓越人才。

本专业毕业生毕业预期达到以下目标。

（1）具有高尚的人文素养，对社会和事业具有高度的责任心。

（2）具备胜任风险管理、金融保险实务与金融保险经营管理工作的各项基本技能，能够出色地完成各项本职工作，成为各部门的业务和管理骨干。

（3）具备进一步学习和钻研的能力，能在完成本职工作的同时提升自我，对实务问题具有探索精神。

（4）大多数毕业生在未来可以获取风险管理与金融保险领域的高等级的相关证书，如风险管理师、理财规划师、特许金融分析师等，成为国际性的风险管理与金融保险人才。

（5）具有较强的英语交流能力和国际视野。

（6）让学生养成劳动习惯，具备较高的综合素质和劳动意识。

（三）培养要求

本专业学生主要学习保险、经济、金融、财务和管理等方面的基础理论和基础知识，系统掌握保险学的基本理论、专业知识和业务技能，具有较强的风险管理、保险实务和保险经营管理的实践能力，掌握保险学科学研究的方法。

毕业生应获得以下几方面的知识和能力。

（1）掌握保险学、经济学、金融学、投资学、财务和管理等方面的基础理论、知识和方法。

（2）能够熟练地运用数理分析技术对现实保险及经济问题进行分析研究。

（3）具有从事风险管理、保险实务与保险经营管理工作的基本能力。

（4）熟悉社会主义市场经济和金融保险相关政策法规。

（5）了解保险学科的理论前沿和发展动态，了解保险实务领域的最新发展趋势。

（6）掌握文献检索、办公软件使用的方法，具有能初步从事保险学理论研究和实际工作的能力，具有批判性思维能力。

（7）较为熟练地掌握一门外语，具有较强的国际交流能力和国际视野。

（8）具有良好的品德操行、人文修养、职业道德和社会责任感，具有较强的社会适应能力、人际沟通能力和优秀的综合素质。

（9）具有一定的体育基本知识，掌握科学锻炼身体的基本技能，养成良好的体育锻炼习惯，达到国家规定的大学生体育锻炼合格标准，身心健康。

（四）培养路径

（1）课程体系的设置遵循“宽通识教育、厚专业基础”的基本原则，做到科学、合理和规范，既符合本科人才培养目标的基本要求，又反映出保险学专业的特色。

（2）充分发挥每门课程的育人功能，将思政元素融入专业课程，提高学生的思想政治素质、社会奉献精神和社会责任感，为中国特色的社会主义事业添砖加瓦。

（3）在专业课程的教学中注重教学方法的改革，注重采用案例教学、讨论式教学等启发式教学方法，引进现代化教学手段，培养学生的学习能力和创新思维方式。

（4）在课程实施方案中列出必要的、与课程相关的阅读书目和其他参考资料，教师通过课堂提问、课堂讨论、读书笔记、读后感、文献综述等方式加强名著阅读过程性考核。

（5）注重学生创新精神和实践能力的培养，加强理论教学与实践环节的结合，鼓励学生利用暑期和课余时间从事社会调查。继续推行完善以“顶岗实习”为核心的实践教学环节，提高学生的社会实践和研究调研能力。

（6）从课程、教学资源等方面进行开发，并从校园日常劳动入手，鼓励和引导学生承担力所能及的专业劳动和校园劳动，形成理论和实践相结合的劳动教育体系，让学生养成劳动习惯，培养劳动意识。

（7）积极开拓国际合作的办学模式，为优秀学生创造海外交流学习、境外实习和学位项目的机会。

（五）培养目标、专业能力与课程设置

培养目标、专业能力与课程设置如表5-13所示。

表 5-13　保险学专业培养目标、专业能力与课程设置

课程模块	课程	培养目标				
		社会责任感	创新精神	身心素质	实践能力	国际视野
通识教育基础课程	两课	H	H	H	H	M
	数学课程	M	H	H	M	H
	体育课程	H	M	H	M	M
	计算机课程	M	H	H	H	M
	外语类课程	M	M	H	H	H
通识教育基础课程	通识教育基础课程	H	H	H	H	H
大学科基础课程	政治经济学	H	H	H	H	H
	微观经济学	H	M	M	M	M
	会计学	H	M	M	M	M
	宏观经济学	H	M	H	H	M
	货币金融学	H	M	H	H	M
	财政学	H	H	M	H	M
	统计学	H	H	M	H	M
专业必修课	保险学	H	H	M	M	H
	人寿与健康保险	H	H	M	H	H
	财产与责任保险	H	H	M	H	H
	投资学	M	H	M	M	H
	寿险精算	M	H	M	H	H
	公司金融	M	H	M	H	M
	风险管理	H	M	M	H	H
专业方向课	保险财务会计	H	M	M	H	M
	风险计量	M	H	M	H	H
	社会保险	H	M	M	M	H
	金融风险管理	H	H	M	H	H
	保险经营管理	H	M	M	H	M

（续）

课程模块	课程	培养目标				
		社会责任感	创新精神	身心素质	实践能力	国际视野
专业方向课	个人风险管理与保险规划	H	H	M	H	H
	保险法	H	M	M	H	H
	企业风险管理	H	M	M	H	M
	保险科技	H	H	H	H	H
	非寿险精算	H	M	M	H	H
	计量经济学	M	H	M	H	H

注：培养目标、专业能力与课程设置的支撑分别用 H（高）、M（中）、L（弱）表示。

（六）主要课程

本专业的主要课程有政治经济学、微观经济学、会计学、宏观经济学、货币金融学、财政学、统计学、保险学、人寿与健康保险、财产与责任保险、投资学、寿险精算、公司金融、风险管理、保险财务会计、风险计量、社会保险、金融风险管理、保险经营管理、个人风险管理与保险规划、保险法、企业风险管理、保险科技、计量经济学等。

（七）计划学制、毕业最低学分要求、专业准入准出标准和授予学位

1. 计划学制

按学分制的规定执行，一般为四年，最长可延至六年。

2. 毕业最低学分要求

学生毕业最低学分要求为 160 学分，学分具体要求如表 5-14 所示。

表 5-14　学生毕业最低学分要求

课程	通识教育基础课程	大学科基础课	专业必修课程	选修课程			实践环节	合计
				专业方向课程	通识教育核心课程	自由选修课程		
学分	56	22	18	18	8	14	22	160
课时	985＋74	374	306	306	136	238		2 451

3. 本专业准入、准出标准

(1) 专业准入标准。修满通识教育基础课程和专业准入课程：政治经济学、微观经济学、会计学。

(2) 专业准出标准。

专业准入课程：政治经济学、微观经济学、会计学。

专业准出课程：财政学、统计学、宏观经济学、货币金融学、保险学、财产与责任保险、人寿与健康保险、寿险精算、公司金融、投资学。

实践环节：实践教学课 22 学分，课程实践环节 6 学分，实践教学合计 28 学分。

4. 授予学位

对于符合学位授予条件的学生，授予经济学学士学位。

(八) 课程设置

课程设置表如表 5-15 所示。

表 5-15　课程设置表

(一) 通识教育基础课

课程代码	课程名称	学分	周学时	总课时	课堂学时	实践学时	课程性质	开课学期	开课学院
INS100	保险学导论	1.0	2	18	18	0	必修	1	保险学院
ENG100	综合英语课程	4.0	4	68	68	0	必修	1	经贸外语学院
IMS100	大学计算机基础	2.0	2	34	18	16	必修	1	经济信息工程学院
IPT102	中国近现代史纲要	3.0	3	51	51	0	必修	1	马克思主义学院
IPT200	形势与政策教育	2.0	2	64	64	0	必修	1~8	马克思主义学院
JOB100	大学生职业生涯规划与创业基础	2.0	2	34	34	0	必修	1～6	学生职业规划与就业指导中心

（续）

课程代码	课程名称	学分	周学时	总课时	课堂学时	实践学时	课程性质	开课学期	开课学院
MAT301	高等数学Ⅰ	5.0	5	85	85	0	必修	1	经济数学学院
MTT100	军事理论与训练	2.0	2	34	0	34	必修	1	武装部
CST110	程序设计与数据库应用模块	3.0	3	51	27	24	必修	2	经济信息工程学院
ENG200	英语专项技能课程	2.0	2	34	34	0	必修	2～6	经贸外语学院
ENG300	英语拓展课程	2.0	2	34	34	0	必修	2～6	经贸外语学院
IPT101	思想道德修养与法律基础	3.0	3	51	51	0	必修	2	马克思主义学院
MAT302	高等数学Ⅱ	5.0	5	85	85	0	必修	2	经济数学学院
IPT104	毛泽东思想和中国特色社会主义理论体系概论	5.0	5	85	85	0	必修	3	马克思主义学院
MAT324	概率论（理科）	4.0	4	68	68	0	必修	3	经济数学学院
IPT103	马克思主义基本原理	3.0	3	51	51	0	必修	4	马克思主义学院
MAT313	高等代数Ⅰ	4.0	4	68	68	0	必修	4	经济数学学院
PED100	体育Ⅰ	1.0	2	36	36	0	必修	1	体育学院
PED200	体育Ⅱ	1.0	2	36	36	0	必修	2	体育学院
PED300	体育Ⅲ	1.0	2	36	36	0	必修	3	体育学院
PED400	体育Ⅳ	1.0	2	36	36	0	必修	4	体育学院
合计		56	61	1 059	985	74			
备注：通识教育基础课必须修满 56 学分									

（续）

（二）大学科基础课									
课程代码	课程名称	学分	周学时	总课时	课堂学时	实践学时	课程性质	开课学期	开课学院
ECO100	政治经济学	4.0	4	68	68	0	必修	1	经济学院
ECO101	微观经济学	3.0	3	51	51	0	必修	1	经济学院
ACC200	会计学	3.0	3	51	51	0	必修	2	会计学院
ECO102	宏观经济学	3.0	3	51	51	0	必修	2	经济学院
FIN200	货币金融学	3.0	3	51	51	0	必修	3	金融学院
PFC200	财政学	3.0	3	51	51	0	必修	3	财政税务学院
BST200	统计学	3.0	3	51	51	0	必修	4	统计学院
合计		22	22	374	374	0			
备注：大学科基础课必须修满22学分									
（三）专业必修课									
课程代码	课程名称	学分	周学时	总课时	课堂学时	实践学时	课程性质	开课学期	开课学院
INS206	保险学原理	3.0	3	51	51	0	必修	3	保险学院
INS202	人寿与健康保险	3.0	3	51	51	0	必修	4	保险学院
INS203	财产与责任保险	3.0	3	51	51	0	必修	4	保险学院
FIN304	投资学	3.0	3	51	51	0	必修	5	金融学院
INS205	寿险精算	3.0	3	51	51	0	必修	5	保险学院
FIN303	公司金融	3.0	3	51	51	0	必修	6	金融学院
合计		18	18	306	306	0			
备注：专业必修课必须修满18学分									
（四）专业方向课									
学术型									

（续）

课程代码	课程名称	学分	周学时	总课时	课堂学时	实践学时	课程性质	开课学期	开课学院
INS303	风险管理	3.0	3	51	51	0	选修	4	保险学院
LSS201	社会保险	3.0	3	51	51	0	选修	5	保险学院
BST300	计量经济学	3.0	3	51	51	0	选修	5	统计学院
INS321	保险科技	3.0	3	51	51	0	选修	5	保险学院
FEG404	金融风险管理	3.0	3	51	51	0	选修	6	金融学院
LAW319	保险法	3.0	3	51	51	0	选修	6	保险学院
INS307	非寿险精算	3.0	3	51	51	0	选修	6	保险学院
合计		21	21	357	357	0			

风险管理方向

课程代码	课程名称	学分	周学时	总课时	课堂学时	实践学时	课程性质	开课学期	开课学院
INS303	风险管理	3.0	3	51	51	0	选修	4	保险学院
INS306	个人风险管理与保险规划	3.0	3	51	51	0	选修	5	保险学院
BST300	计量经济学	3.0	3	51	51	0	选修	5	统计学院
INS302	保险经营管理	3.0	3	51	51	0	选修	6	保险学院
INS305	风险计量	3.0	3	51	51	0	选修	6	保险学院
FEG404	金融风险管理	3.0	3	51	51	0	选修	6	金融学院
INS313	企业风险管理	3.0	3	51	51	0	选修	6	保险学院
合计		21	21	357	357	0			

实践型

课程代码	课程名称	学分	周学时	总课时	课堂学时	实践学时	课程性质	开课学期	开课学院
INS303	风险管理	3.0	3	51	51	0	选修	4	保险学院
INS306	个人风险管理与保险规划	3.0	3	51	51	0	选修	5	保险学院

（续）

课程代码	课程名称	学分	周学时	总课时	课堂学时	实践学时	课程性质	开课学期	开课学院
INS321	保险科技	3.0	3	51	51	0	选修	5	保险学院
LSS201	社会保险	3.0	3	51	51	0	选修	5	保险学院
INS304	保险财务会计	3.0	3	51	51	0	选修	6	保险学院
LAW319	保险法	3.0	3	51	51	0	选修	6	保险学院
INS302	保险经营管理	3.0	3	51	51	0	选修	6	保险学院
合计		21	21	357	357	0			

备注：专业方向课程必须修满18学分，学生应根据个人情况确定修读课程模块，并在该课程模块内完成规定的选修课程学分

（五）通识教育核心课

课程代码	课程名称	学分	周学时	总课时	课堂学时	实践学时	课程性质	开课学期	开课学院
HUM104	大学生心理健康与人生发展	2.0	2	34	34	0	必修	2	心理健康教育中心
HUM101	逻辑与批判性思维	2.0	2	34	34	0	选修	1～6	人文学院
HUM102	沟通与写作	2.0	2	34	34	0	选修	1～6	人文学院
HUM103	中国传统文化概论	2.0	2	34	34	0	选修	1～6	人文学院
HUM105	科学技术史	2.0	2	34	34	0	选修	1～6	人文学院
HUM106	社会学思想与方法	2.0	2	34	34	0	选修	1～6	人文学院
HUM107	中外文学经典选讲	2.0	2	34	34	0	选修	1～6	人文学院
HUM108	艺术修养与审美体验	2.0	2	34	34	0	选修	1～6	人文学院
HUM118	现代科技与人工智能	2.0	2	34	34	0	选修	1～6	经济信息工程学院

（续）

课程代码	课程名称	学分	周学时	总课时	课堂学时	实践学时	课程性质	开课学期	开课学院
合计		18	18	306	306	0			

备注：通识教育核心课必须修满8学分，建议选修《现代科技与人工智能》，第一学年至少修读一门

（六）实践环节课

课程代码	课程名称	学分	周学时	总课时	课堂学时	实践学时	课程性质	开课学期	开课学院
PRT109	创新、创业与社会实践	4.0	0	0	0	0	必修	S2	保险学院
PRT107	综合实验	2.0	2	34	34	0	必修	5	经济管理实验教学中心
PRT110	毕业实习	6.0	0	0	0	0	必修	S3	保险学院
PRT102	名著阅读	4.0	0	0	0	0	必修	1～8	保险学院
PRT111	毕业论文	8.0	0	0	0	0	必修	8	保险学院
合计		24	2	34	34	0			

备注：①实践环节必须修满24学分；
②创新、创业与社会实践环节含劳动教育、国际实践活动和科研训练

五、中南财经政法大学保险学专业全程培养方案

中南财经政法大学是教育部直属的一所以经济学、法学、管理学为主干学科，兼有哲学、文学、历史学、理学、工学、艺术学等九大学科门类的全日制普通高等学校，是国家“211工程”高校和“985工程优势学科创新平台”项目重点建设高校，入选世界一流大学和一流学科（简称“双一流”）高校及建设学科名单。学校突出“融通性、创新型和开放式”人才培养特色，曾与新华人寿保险股份有限公司合作办学。该校金融学院一度更名为新华金融保险学院，向社会输送了大批金融保险人才。

（一）专业培养目标

本专业旨在培养具有良好政治素质和职业道德，扎实的经济学和管理学背景，掌握风险管理与保险的基础知识及基本技能，熟悉经济、金融、管理和法律等专业知识的高素质专门人才。毕业生可以到各类保险机构、非保险金融机构、政府机关、企事业单位及科研机构从事风险管理、决策分析和精算实务等工作，也适宜继续攻读相关学科专业的硕士、博士学位。

（二）专业特色与培养要求

本专业以该校国家重点学科——金融学为依托，结合经济学、管理学和法学等特色学科优势，以市场对专业人才的需求为导向，培养过程重视理论素养的培养，强调应用技能的培养，鼓励创新思维。课程设置注重风险管理与保险的基础，又兼顾保险管理与精算技术方向的个性选择，力求将本专业学生培养成为能适应保险学学科发展和市场需要的“应用型、创新性、国际化”的复合型人才。

通过本专业教学计划所规定的学习与训练，学生基本达到以下要求。

1. 知识要求

（1）系统掌握保险学科的基本理论与基本知识。

（2）具备处理保险、银行、证券、投资等方面的业务技能。

（3）熟悉国家在保险领域的有关方针、政策和法律、法规。

（4）了解国内外投资领域的理论前沿和发展动态。

2. 能力要求

（1）基本能力：具有良好的社会公德和职业道德；具有科学的思维方法和较高的情商；具有较强的语言表达能力、沟通交流能力、商务谈判能力和团队合作精神；具有较高的外语水平，听、说、读、写、译能力强；具有较强的计算机应用能力和获取并处理信息的能力。

（2）专业能力：掌握保险学专业基本技能和核心能力，熟悉风险管理、保险企业经营管理、保险产品开发和业务运营、保险市场战略规划和开拓等理论与实务；能将保险学的基本理论和方法应用于各个领域的风险管理实践；能胜任专业论文及各类应用文体的写作；具有一定的创新思维和意识，并能在工作中创造性地解决现实问题和矛盾。

3. 素质要求

（1）具有良好的公民道德素质、合格的思想政治素质及良好的身心素质。

（2）具有基本的人文、科学素养，具有强烈的进取精神和刻苦钻研的品质。

（3）具有高度的职业责任心和踏实的工作态度。

（三）学制与学习年限

学制为 4 年，学习年限为 3～6 年。

（四）毕业要求与授予学位类型

毕业要求：本专业学生在学期间，须修满教学计划规定学分方能毕业。

学位授予类型：符合学校学位授予条件者，授予经济学学士学位。

（五）培养标准及其实现途径

培养标准及其实现途径如表 5-16 所示。

表 5-16　培养标准及其实现途径

培养标准		实现途径
1. 社会责任感和人文科学素养	1.1 社会责任感	通过学习毛泽东思想和中国特色社会主义理论体系概论、形势与政策等课程，使学生了解毛泽东思想、邓小平理论、“三个代表”重要思想、科学发展观、习近平新时代中国特色社会主义思想等重要政治理论知识和最新国际形势与国家政策；通过共青团、学生会和各类社团的活动，锻炼学生的社会实践能力，培养学生的社会责任感
	1.2 人文科学素养	通过设置丰富的人文科学选修课程、举办人文科学讲座、开展各类人文科学活动，提高学生的人文科学素养

（续）

培养标准		实现途径
2. 身心素质和国防意识	2.1 身心素质	通过设置合理的体育课程、开展丰富的体育活动，提高学生的身体素质；通过开设心理健康课程、举办心理健康讲座，建立辅导员、心理委员等心理健康预警机制，关注并提高学生的心理素质
	2.2 国防意识	通过组织学生参加入学军训、开设军事理论课程，培养学生的国防意识
3. 语言沟通及表达能力		通过创新课堂形式为学生提供公开报告的机会，锻炼学生的语言组织和表达能力；通过举办各类学术、文化、文艺活动，为学生提供参与社会活动的机会，锻炼学生的沟通与组织能力
4. 宽口径、厚基础的专业能力	4.1 宽口径	依托学校在经济和法律方面的专业优势，通过合理搭配学科基础课和专业选修课，为学生提供多元的专业学习方向和职业发展空间
	4.2 厚基础	通过开设经济学、会计学、货币金融学、财务管理学、计量经济学和政治经济学等经典课程，奠定学生在经济学科理论方面的基础
	4.3 专业性	以保险学和风险管理为理论基础，通过合理并全面的设置相关专业课程，凸显保险学专业的广度与深度
5. 分析解决问题的能力、实践能力	5.1 分析解决问题的能力	通过试验和实训课程锻炼学生发现问题、思考问题、分析并解决问题的能力；通过鼓励学生参加各类保险产品设计、保险营销设计大赛，锻炼学生解决实际风险管理和保险实务问题的能力
	5.2 实践能力	通过安排集中实习和学生自己申请实习，锻炼学生实际工作的能力
6. 国际视野与能力		通过开设“保险学理论前沿”课程，使学生了解国际保险理论知识；通过开设英国精算师系列双语课程，让学生熟悉国际认证考试体系；通过邀请国外专家讲学，让学生了解保险学界和业界动态

（六）学分结构表

本专业开设的课程分为通识教育课程、专项教育课程及专业教育课程三大模块。其中专业教育模块中包含学科基础课程、专业课程、实践与实验课程三个子模块。本专业全程培养计划通识教育课程学分为50学分，专项教育课程总学分为38学分，专业教育课程学分为82学分。各模块的学分比例如表5-17所示。

表5-17　专业教育模块学分比例表

课程类别		课程实施类型	学分	比例（%）
通识教育课程		必修	40	23.5
		选修	10	5.9
专项教育课程		必修	22	12.9
		选修	6	3.5
		课外素质教育	10	5.9
专业教育课程	学科基础课程	必修	21	12.4
		选修	4	2.4
	专业课程	必修	21	12.4
		选修	23	13.5
	实践与实验课程	必修	13	7.6
总学分			170	100

（七）课外素质教育环节

课外素质教育环节总学分为10学分，包括综合素质教育、社会实践、各种学科竞赛、技能等级水平考试和科研活动等。具体计分方式根据学校相关管理规定执行。

六、中央财经大学保险学专业学分制培养方案

中央财经大学是教育部直属的、教育部、财政部和北京市共建的大学，是国家“双一流”建设、“211工程”建设和首批“985工程优势学科创新平台”项目建设高校。学校秉持“忠诚、团结、求

实、创新”的校训，传承“求真求是，追求卓越”的办学理念，形成了鲜明的办学特色，为国家经济建设和社会发展培养了10万余名各类高素质人才，被誉为“中国财经管理专家的摇篮”。

中央财经大学保险与精算学科发展始于1952年，是我国高等院校中最早建立的保险学科，是最早得到国际上保险学专业资格免试认证的学科，在国内较早全面引入国际精算教育与考试体系。该学院办学体系完整，在保险学、精算学、社会保障三个专业/方向均招收本科生、硕士研究生、博士研究生和博士后，在2005年世界保险大会上，中央财经大学被誉为对世界保险业作出突出贡献的亚洲三所大学之一。

（一）培养目标

本专业旨在培养德、智、体全面发展的，具有扎实的经济学、金融学基础知识，熟练掌握风险管理、保险学基础理论和相关专业知识及基本技能，具备熟练英语应用和计算机操作技能，可以在政府宏观经济管理部门、保险监管或银行、保险公司、各类大型企业以及相关科研机构从事风险分析与管理、保险管理及相关产品开发与服务等相关业务的实务或管理工作，具有坚实的保险学专业知识和实践能力、研究能力及广阔的国际化视野，具有较高的法律、道德素养与人文精神，适应国家经济和社会发展需要的创新型、实用型、复合型人才。

（二）培养要求

本专业以马克思列宁主义、毛泽东思想、邓小平理论、“三个代表”重要思想、科学发展观、习近平新时代中国特色社会主义思想为指导，培养学生良好的马列主义理论素养，使他们具备正确的政治方向，坚持党的领导，坚持四项基本原则，坚持改革开放，热爱社会主义祖国，具有爱国主义、集体主义良好思想品德；使他们具有为社会主义现代化建设服务，为人民服务，为国家富强、民族昌盛而奋斗的志向和责任感；使他们具备遵守“爱国守法、明礼诚信、团结友善、勤俭自强、敬业奉献”的公民基本道德规范；使他们具有严谨治学、求真务实、艰苦奋斗、团结协作的品质，具有创新精神和良好的职业道德，遵纪守法，爱岗敬业。

本专业学生应能够掌握经济学、金融学的基础理论，具有较扎实的经济理论功底和丰富的专业知识；系统地掌握保险学的基本理论和业务知识，具备坚实的数学和统计学基础，了解国内外保险与风险管理的理论和实践，基本熟悉本专业所涉及领域的学科发展现状及趋势，具备较强的分析及解决实际问题的能力和初步的科研能力；熟悉我国相关方针、政策和法律、法规，具有较全面的法律知识和财务分析能力；掌握必要的计算机和网络技能，熟练应用相关的计算机软件；熟练掌握一门外语，达到学校规定的外语水平，能运用外语熟练地阅读专业书刊及有关信息资料。

本专业学生要求具有一定的体育和军事基本知识，掌握科学锻炼身体的基本技能，养成良好的体育锻炼和卫生习惯，达到国家规定的大学生体质健康标准，具备健全的心理和健康的体魄；善于以开拓精神从事本专业的实际业务工作；善于与他人合作，具有较好的语言和沟通能力，具有独立的研究、决策和组织业务活动的能力。

（三）学制、学分及学位

（1）学制：本专业基本学习年限为 4 年。

（2）学分：本专业学生毕业应取得最低总学分为 155 学分，其中，通识教育课程模块 11 学分，公共通修课程模块 65 学分，基础核心课程模块 41 学分，开放选修课程模块 29 学分（专业进阶课至少修满 14 学分，专业拓展课至少修满 15 学分），实践环节 9 学分。

“双培计划”学生前 3 年在中央财经大学学习，第 4 年在学籍所在学校学习。前 3 年应取得本教学计划中规定的 136.5 学分。其中，通识教育课程模块 11 学分，公共通修课程模块 56.5 学分，基础核心课程模块 41 学分，开放选修课程模块 27 学分（专业进阶课至少修满 14 学分，专业拓展课至少修满 13 学分），实践环节 1 学分。第 4 年在学籍所在学校学习期间，执行其学校的第 4 年培养方案。如前 3 年未修满开放选修课程模块学分，可于第 4 年在学籍所在学校补修。其毕业及学位授予事宜均由学籍所在学校负责。

（3）学位：本专业学生毕业授予经济学学士学位。

表 5-18 为专业教学计划。

表 5-18　保险学专业教学计划

分类	课程模块		应修学分	课程/模块名称	学分	课时分配			开课学期	修读要求	开课单位	备注
						讲课	实验	实践				
通识通修	通识教育课程	通识教育选修课	11	"语言、文学与艺术"模块	10					选修		选课学分要求详见《总则》
				"历史、政治与社会"模块								
				"哲学、心理与生活"模块								
				"科学、技术与环境"模块								
				"生命、地球与宇宙"模块								
				"创新、创意与创业"模块								
		新生导论课		专业指导与职业规划（1）	0.5	8			1	必修	保险	
				专业指导与职业规划（2）	0.5	8			7			
	公共通修课程	思想政治与军事理论课	22	思想道德修养与法律基础	3	40		8	1		马院	
				中国近现代史纲要	3	40		8	2			
				马克思主义基本原理概论	3	40		8	3			
				毛泽东思想和中国特色社会主义理论体系概论	5	64		16	4			
				形势与政策	2	64			1～8	必修		
				大学生心理健康	2	16		16	1		学生处	
				军事技能	2			112	1			
				军事理论	2	32		4	1		国防	
		外语类	8	大学外语基础/发展课程（1）	2	32			1		外语	
				大学外语交流（1）	2	32			1			
				大学外语基础/发展课程（2）	2	32			2			

（续）

分类	课程模块		应修学分	课程/模块名称	学分	课时分配			开课学期	修读要求	开课单位	备注
						讲课	实验	实践				
通识通修	公共通修课程	外语类	8	大学外语交流（2）	2	32			2	选修	外语	选课学分要求详见《总则》
				大学外语提高/发展课程（1）	2	32			3			
				大学外语提高/发展课程（2）	2	32			4			
		数学类	27	数学分析（1）	6	96			1	必修	统数	
				数学分析（2）	6	96			2			
				数学分析（3）	4	64			3			
				高等代数	5	80			1			
				概率论	3	48			3			
				数理统计	3	48			4			
		体育类	4	大学体育（1）	1	32			1	必修	体经	
				大学体育（2）	1	32			2			
				大学体育（3）	1	32			3			
				大学体育（4）	1	32			4			
		计算机类	4	计算机应用基础	2	16	16		1	选修	信息	
				Excel 高级应用	2	16	16		2			

（续）

分类	课程模块		应修学分	课程/模块名称	学分	课时分配			开课学期	修读要求	开课单位	备注
						讲课	实验	实践				
通识通修	公共通修课程	计算机类	4	数据库原理与应用	2	16	16		2	选修	信息	选课学分要求详见《总则》
				C 程序设计	2	24	8		3			
				C++程序设计	3	32	16		4			
				Web 前端设计与开发	2	18	14		4			
				Java 程序设计	3	32	16		5			
				Python 程序设计	2	16	16		5			
				区块链与数字货币	2	24	8		6			
				人工智能基础及应用	2	22	10		6			
学科专业	基础核心课程	学科基础课	20	民法总论	2	32			1	选修	保险	
				会计学	3	48			2		会计	
				微观经济学	3	48			2		经济	
				宏观经济学	3	48			3			
				金融学	3	48			3		金融	
				保险经济学	3	48			5		保险	双语
				计量经济学	3	38	10		5		经济	

（续）

分类	课程模块		应修学分	课程/模块名称	学分	课时分配			开课学期	修读要求	开课单位	备注
						讲课	实验	实践				
学科专业	基础核心课程	专业核心课	21	保险学	3	48			2	必修	保险	
				风险管理学	3	48			3			
				人寿与健康保险	2	32			3			
				财产与责任保险	2	32			4			
				精算学原理	3	48			4			
				保险法	2	32			5			
				海上保险学	2	32			6			双语
				计量模型	2		32		6			实验
				保险公司财务管理	2	32			7			
个性发展	开放选修课程	专业进阶课	14	民法分论	2	32			2	选修	保险	
				国际贸易实务	2	32			3			
				海商法	2	32			4			
				社会保障学	2	32			5			
				再保险	2	32			5			双语
				保险企业经营管理	2	32			6			双语
				保险业务运营实务	2			32	6			
				国际风险管理与保险	2	32			6			双语
				投资学	2	32			6			
				员工福利规划	2	32			7			

（续）

分类	课程模块		应修学分	课程/模块名称	学分	课时分配			开课学期	修读要求	开课单位	备注
						讲课	实验	实践				
个性发展	开放选修课程	专业拓展课										
		精算知识模块	0	金融数学	3	48			3	选修	保险	双语
				寿险精算数学	4	64			4			双语
				公司财务与财务报告分析	4	64			5			双语
				生存模型	3	48			6			双语
				损失模型与随机模拟	4	64			6			双语
				精算实务	3		48		7			实验
		数理知识模块	5	应用随机过程	3	48			4		统数	
				量化风险管理	1		16		5			
				优化原理	2	32			5			
				常微分方程	2	32			5			
				时间序列分析	3	34	14		5			
				实变函数	3	48			6			
				现代统计软件	2		32		6			实验
		相关学科知识模块	10	政治经济学	2	32			1		经济	
				财政学概论	2	32			3		财税	
				管理学概论	2	32			4		商学院	
				国际金融学	2	32			4		金融	
				金融市场学	2	32			4			
				金融经济学	3	48			5		保险	双语
				商业银行经营学	2	32			5		金融	
				投资银行学	2	32			6			

（续）

分类	课程模块	应修学分	课程/模块名称	学分	课时分配			开课学期	修读要求	开课单位	备注
					讲课	实验	实践				
	实践环节	9	劳动与安全教育	1				1	必修		
			创新创业实践	2				8			
			毕业实习	2				8			
			毕业论文/设计	4				8			

表 5-19　本科生、研究生专业方向

学术层次	专业方向
本科	保险学 精算学方向 劳动与社会保障
硕士研究生	保险学专业 社会保障专业 精算学专业 保险硕士（专业硕士）
博士研究生	保险学（保险理论方向） 保险学（精算科学方向） 保险学（社会保障方向）

表 5-19 为本科生、研究生专业方向。

在教学方面，学院拥有风险管理与保险系、精算科学系、劳动与社会保障系，建立了与高水平的与科研机构相配套的教学平台，并且在境内外设立了 13 个常年处于良好运行状态的教学实践基地。在人才培养、科学研究和社会服务等方面作出了突出的贡献。

人才培养是对人才进行教育、培训的过程。被选拔的人才一般都需经过培养训练才能成为符合各种职业和岗位要求的专门人才。培养目标一般定格为：培养具有良好人文、科学素质和社会责任感，学科基础扎实，具有自我学习能力、创新精神和创新能力的人才。具体包含以下几个方面：得到基础研究和应用研究的训练，具有扎实的基础理论知识和实践技能，动手能力强、综合素质好；掌握科学的思维方法，具备较强的获取知识能力，具有探索精神、创新能力和优秀的科学品质。教育教学改革的根本目的是提高人才培养质量。人才培养质量有两种评价尺度：一种是学校内部的评价尺度；另一种是学校外部的评价尺度，即社会的评价尺度。学校对人才培养质量的评价，主要是以高等教育的内部质量特征作为评价依据，即评价学校培养出来的学生，在整体上是否达到学校规定的专业培养目标的要求，学校人才培养质量与培养目标的是否相符。社会对高等学校人才培养质量的评价，主要是以高等教育的外显质量特征，即高等学校毕业生的质量作为依据，而对高等学校内部的教育教学活动不太关注；社会对毕业生质量的整体评价，主要是评价毕业生群体能否很好地适应国家、社会及市场的需求。因此，高等学校提高人才培养质量，就是提高人才培养对社会的适应程度，提高人才培养与培养目标的符合程度。关于人才培养质量，既要接受学校自身对高等教育内部质量特征的评价，又要接受社会对高等教育外显质量特征的评价，因此，以提高人才培养质量为核心的高等学校人才培养模式改革，必须遵循教育的外部关系规律与教育的内部关系规律。

教育的外部关系规律，即教育同社会的关系规律，潘懋元先生认为，“教育必须与社会发展相适应”，加以引申，可表述为“教育必须受一定社会的经济、政治、文化所制约，并为一定社会的经济、政治、文化的发展服务”。所以，当人才培养不能很好地适应社会的需要，即不能很好地为社会的经济、政治、文化的发展服务时，必须对现行的人才培养模式进行改革。教育的内部关系规律，即教育自身的规律，按照潘懋元先生的表述即“社会主义教育，必须培养全面发展的人，或者说社会主义教育必须通过德育、智育、体育、美育培养全面发展的人”。将其用在高等教育领域，则可以表述为“社会主义高等教育必须通过德育、智育、体育、美育培养知识、能力、素质结构优化，全面发展，具有创新精神与创造能力的高级专门人才”。在这个表述中，既包含了我国的教育方针，也包含了高等教育培养目标、培养规格的一般性要求。所以，当人才培养不能很好地符合人才培养目标时，必须对人才培养模式进行改革，主要是对人才培养方案与人才培养途径进行合理的调整，使人才培养方案、培养途径更好地与人才培养目标、培养规格相协调，从而使人才培养模式更好地符合人才培养目标。

由此可见，人才培养模式改革的动因，既有来自教育的外部因素，也有来自教育的内部因素。对于高等学校而言，人才培养模式改革应该包括两个方面：其一，遵循教育外部关系规律，以社会需要为参照标准，调整学校的专业设置及专业的培养目标、培养规格，使人才培养更好地适应经济与社会发展的需要；其二，遵循教育内部关系规律，以专业的培养目标、培养规格为参照标准，调整专业的培养方案、培养途径，使人才培养模式中的各要素更加协调，提升人才培养质量与人才培养目标的契合度。总之，人才培养模式改革的过程，就是变不适应为适应，变不协调为协调，实际上是主动适应社会的过程。

新财经强调的人才培养，坚持“学科内融合+跨学科融通”的导向，要重构培养目标，树立新的教育理念，实现“线上+线下”、校内校外同育人。对新财经人才的界定，强调同时具备专业知识、信息技术、家国情怀、国际视野、职业素养五维度能力特征，倡导以下三点改革教育理念：第一，坚持立德树人，实行全员育人、全过程育人和全方位育人；第二，实行交叉融合，坚持教学改革三个结合，即通识教育与专业教育结合、家国情怀与职业素养结合及立足中国与国际视野结合；第三，坚持科学推进，努力实现重点领域突破、新趋势追踪和新经验推广。教育教学改革要以学生为中心(学生学习、学习效果和学生发展)，基础研究是新财经教育改革的领航灯，学科优化是新财经教育改革的先手棋。要变革传统模式，实行靶向育人，抓好两个课堂教育，特别是第二课堂实践育人，注重培养学生坚毅的品格、专业的素养、感恩的教养、完善的人格、爱国的情怀和博大的胸怀。新财经人才培养，创新是方向，融合是趋势。

在人才培养方面，自 20 世纪 90 年代兴起“宽口径，厚基础”的理念以来，“宽口径，厚基础”的培养理念一直被各高校所推崇并长期践行，一些学校还对此进行了发挥，赋予了新的内容，例如“宽口径，厚基础，强技能”“宽口径、厚基础，广适应”“宽口径，厚基础，强能力，高素质”等。“宽口径，厚基础”的理念提法很科学，其宗旨在于培养学生的基础功底，掌握扎实的基本知识，面对将来的出口尽量宽广一些，使得学生的就业选择更为广泛。还要在提高学生的能力和素质方面下功夫，综合素质高的学生越来越受到行业的喜欢和社会的认可。学生的核心竞争力不仅来自学校所学的专业知识，还包括在工作实践中表现出来的持续学习的能力。人才的基本能力包括获取新知识的能力、科学思维能力、综合创新能力、适应和应变能力、组织管理能力、自我决策能力，这些能力需要在学校培养，更要在社会中历练。

“A”型人才结构被认为是现代高等学校跨世纪人才培养的基本目标模式，即“厚基础、宽口径、强能力、高素质”。所谓“厚基础、宽口径、强能力、高素质”就是要求人才具有厚实的基础理论知识体系，宽阔的专业方向口径，极强的工作能力和特高的自身素质。归结起来实质就是知识、能力和素质 3 个方面的要求。“A”型人才模式结构中，左边一斜竖“/”代表人才的基本能力结构，右边一斜竖“\”代表人才的基本素质结构，中间一横“—”代表人才的基本知识结构。这三者有机结合，构成新型“A”型人才的基本目标模式框架。“A”型人才结构作为人才的基本能力结构，主要包括的能力有：获取新知识的能力、科学思维能力、综合创新能力、适应应变能力（社交语言表达等）、工作实践能力（操作、动手、写作等）、组织管理能力、自我决策能力等。人才的基本素质结构主要包括思想道德素质、文化素质、业务素质、身体素质和心理素质等。为培养人才宝塔网络型知识结构，可以把基础理论知识比作宝塔的底部，然后从下到上依次由专业基础知识、专业知识和学科前沿知识构成。宝塔顶部是主攻或从事的未来职业目标。

在新财经教育背景下，制订保险学专业人才培养方案时，要重点考虑三点：一是要充分体现“厚基础、宽口径”，发挥学科综合优势和发展更新的能力，面对金融保险领域的新变化，适当增加跨学科教育、跨专业教育、通识教育和创新教育，使培养出来的学生能够适应社会需求。二是要体现培养人才的专业特色，要优化课程体系，打破学科课程之间的壁垒，增加选修课的比重，让学生有更多选择的机会，使其根据个人的兴趣爱好和发展方向搭建知识结构。三是认真研究课程体系内容，着力解决好专业课之间的教学内容重复、交叉和空缺等问题。在河北经贸大学就存在这样的问题，保险学是面向金融学院全体学生开设的专业基础课，其中有金融学专业、金融工程专业、保险学专业和投资专业的学生共同学习这门课程。这对于保险学专业学生来说很不合适，因为他们以后还要学习财产保险、人身保险、保险营销和保险经营管理，而保险学课程也有这些内容，这就重复了。有人因此建议保险学专业学生不开设保险学或保险概论的课程。我们认为，保险学或保险概论这门课程还是有必要开的，可以给保险学专业的学生单独开班，根据保险学专业学生以后的课程学习内容，对保险学的内容予以取舍和调整。我们认为，人才培养方案的调整和课程体系的设置，要贯彻新财经理念，从专业知识、信息技术、职业素养、家国情怀和国际视野五个角度培养新财经人才，改革教育理念，坚持全员育人、全过程育人及全方位育人。育人不可忽略道德考量，立德永远是育人的前提和首要任务。坚持交叉融合教学改革三个融合，即通识教育与专业教育融合，家国情怀与职业素养相结合，立足中国与国际视野相结合，务必以学生为中心（学生学习、学习效果和学生发展），探索人文素养与专业能力、多学科融合的信息化教育模式，做到特色育人、育特色人，培养更多就业竞争力强、职业岗位胜任力好的专业人才。在人才培养方面，近几年有些高校总结出分类培养的方法，基于学生不同的就业去向，分门别类进行培养。统一授课培养，不可能满足学生的个性需求，想考研的同学觉得老师授课理论基础知识不够，而要就业的学生又觉得老师讲授的实践性知识不足，于是便把学生分开教学，目前不少学校都在逐渐试行。也有人对此提出不同意见，如按照考研、就业不同去向分开授课培养的做法，存在很多操作困难，会加大老师的工作量。我们认为，应该坚持“厚基础、宽口径”的理念，教师按照这一理念讲授好课程，学生学好专业知识，按照自己的志趣来选择专业方向，然后各自下功夫。在人工智能时代，教师角色无法替代，但教师角色要多样化，唯有如此，才能担负起培养新财经人才的重任。培养新财经人才，要塑造学生的家国情怀，注重激发他们有志为国家、社会多作贡献的爱国热情。

大学之大，不在于高楼之大，而在于专业之大；不是数量之大，而是质量之大。本科教学质量是大学的基石。提高本科教学质量工程的重要环节是制订的人才培养方案，人才培养是大学的第一使命。人才培养方案的质量直接影响整个教学过程和教学效果。人才培养方案中，课程体系设置是重要的一环。纵观上述高校人才培养方案中的课程体系，一个共同特点是通识课与专业课相结合，更加重视实践课，分为通识课、专业课和实践课。专业课又细分为专业必修课、专业方向课和自由选修课，这样的课程体系对学生较为开放，意在更加宽口径地培育人，最大程度地满足学生多样化的兴趣，同时鼓励学生个性化发展。

在人才培养方面，人才的成长固然有学校培养之功，但社会作用力也不可缺。有个说法，“作家不是大学培养的，是社会培养出来的。”这句话很有道理，套用到保险界，也可以这样说“保险公司的优秀人才不是大学培养的，是社会培养的。”但又经不起推敲，作家的创作活动是社会造就的，其创作技巧是在社会生活中历练出来的，而不是从学校里学到的，他们创作的“养料”来源于社会，经过提炼、加工，诞生了伟大作品。正所谓艺术来源于生活，艺术高于生活。但作家写作创作的基本功是学校教育培养的，作家的创作与成长，不能抹杀学校的教育。同理，保险学专业的人才培养，学校的教育不能大包大揽，但也不能消极回避。保险学专业的学生成长为优秀人才固然是他们自己锤炼、打拼的结果，但不可否认，是专业教育给他们打下一定的基础。对此，高校的人才培养不可过于揽功，也不能消极不作为。还有个说法可为此作脚注，“能够造就同发现音乐人才的，机会最多的是学校。”

第六章 教学模式与教学方法改革的探索

教书育人是教师神圣的职责，大学教师应该是道德高尚、人格健全、学生学习的榜样。身正为范，学高为师，要先做人，后为师，做到信念坚定、情操高尚、情绪稳定、行为优雅、形象洒脱，唯有如此，才能影响、感染和引导学生并得到学生的拥护和爱戴。人才培养是大学的第一使命，是高等教育的生命线，教学是人才培养的主渠道。教师兢兢业业、立德树人的过程，也是感受学生成长、成功和成才的过程。有怎样的教学理念和教学方法，就有怎样的教学行为，也决定了能够培养出怎样的学生。要提高人才培养质量，必须改进教学方法，培养学生的科学精神。科学精神包括怀疑精神、批判精神、实证精神和分析精神。学生具备了科学精神，才能发挥其创新思维潜能和创造能力，提高学生的创新能力是评判教学质量的主要标准。

一、教育理念

（一）教育理念及其特点

所谓教育理念，即关于教育方法的观念，是教育主体在教学实践及教育思维活动中形成的对“教育应然”的理性认识和主观要求，包括教育宗旨、教育使命、教育目的、教育理想、教育目标、教育要求及教育原则等内容。教育理念包含如下基本特点：①教育理念是教育主体对教育及其现象进行思维的概念或观念的形成物，是理性认识的成果。②教育理念包含了教育主体关于“教育应然”的价值取向或倾向，属“好教育”的观念。③教育理念不是教育现实，但源于对教育现实的思考，是教育主体对教育现实的自觉反映。因此，理论上它们是理念载体，即理念持有者对教育的清醒认识，是他们关于教育的真知灼见。④教育理念是个外延比较宽泛并能反映教育思维一类活动诸概念共性的普遍概念或上位概念，如教育思想、教育观念、教育主张、教育看法、教育认识、教育理性、教育信念、教育信条等，都涵盖在教育理念之中，而教育理念本身也包含了上述诸概念的共性。此外，教育理念还以上述诸概念的外在形式表现出来以示其既有抽象性又有直观性。如教育宗旨、教育使命、教育目的、教育理想、教育目标、教育要求、教育原则，等等。⑤教育理念之于教育实践，具有导向意义。

（二）教育理念概览

1. 以人为本理念

当今社会已经发展到以人为本的时代，教育作为培养和造就社会所需要的合格人才，促进社会发展和完善的崇高事业，自然应当全面体现以人为本的时代精神。因此，现代教育强调以人为本，把重视人、理解人、尊重人、爱护人和提升及发展人的精神贯注于教育教学的全过程、全方位，它更关注人的现实需要和未来发展，更注重开发和挖掘人自身的禀赋和潜能，更重视人自身的价值及其实现，并致力于培养人的自尊、自信、自爱、自立、自强意识，不断提升人的精神文化品位和生活质量，从而不断提高人的生存和发展能力，促进人自身的发展与完善。鉴于此，现代教育已成为增强民族凝聚力的重要手段，倍受人们的青睐与关注。

2. 全面发展理念

现代教育以促进人的自由全面发展为宗旨，因此它更关注人的发展的完整性、全面性，表现在宏观和微观两个层面。宏观层面，现代教育是面向全体公民的国民性教育，注重民族整体的全面发展，其根本目标在于大力提高和发展全民的思想道德素质和科学文化素质，提高民族的知识创新和技术创新能力，增强包括民族凝聚力在内的综合国力；微观层面，现代教育以促进每一个学生在德、智、体、美、劳等方面的全面发展与完善，造就全面发展的人才为己任。这就要求在教育观念上实现由精英教育向大众教育发展、由专业性教育向通识性教育转变，在教育方法上采取德育、智育、体育、美育、劳育并举、整体育人的教育方略。

3. 素质教育理念

现代教育扬弃了传统教育重视知识的传授与吸纳的教育思想与方法，更注重教育过程中知识向能力的转化及其内化为人们的良好素质，强调知识、能力与素质在人才整体结构中的相互作用、辩证统一与和谐发展。针对传统教育重知识传递、轻实践能力，重考试分数、轻综合素质等弊端，现代教育更加强调学生实践能力的锻造，全面素质的培养，主张能力与素质是比知识更重要、更稳定、更持久的要素，把学生综合素质的培养与提高作为教育教学的中心工作来抓，以帮助学生学会学习和强化素质为基本教育目标，全面开发学生的各种素质潜能，提高人的整体发展水准。

4. 创造性理念

传统教育向现代教育的重要转型之一，就是实现由知识性教育向创造力教育转变。因为知识经济更加彰显了人的创造性作用，人的创造力潜能成为最具有价值的不竭资源。现代教育强调教育教学过程是一个高度创造性的过程，以点拨、启发、引导、开发和训练学生的创造力才能为基本目标。它主张以创造性的教育教学手段和优美的教育教学艺术来营造教育教学环境，充分挖掘和培养人的创造性，培养创造性人才。现代教育主张，完整的创造力教育是由创新教育（旨在培养学生的创新精神、创新能力与创新人格）与创业教育（旨在培养学生的创业精神、创业能力与创业人格）二者结合而成的生态链构成。因此，加强创新教育与创业教育相结合并促进二者的融合发展，培养创新、创造型、复合型人才成为现代教育的基本目标。

5. 主体性理念

现代教育是一种主体性教育，它充分肯定并尊重人的主体价值，高扬人的主体性，充分调动并发挥教育主体的能动性，使外在的、客体实施的教育转换成受教育者主体自身的能动活动。主体性理念的核心是充分尊重每一位受教育者的主体地位，“教”始终围绕“学”来开展，以最大限度地挖掘学生的内在潜力与学习动力，使学生由被动的接受性客体变成积极主动的主体，使教育过程真正成为学生自主自觉的活动和自我建构过程。为此，它要求教育过程要从传统的以教师为中心、以教材为中心、以课堂为中心转变为以学生为中心、以活动为中心、以实践为中心，倡导自主教育、快乐教育、成功教育和研究性学习等新颖活泼的主体性教育模式，以点燃学生的学习热情，培养学生的学习兴趣，提高学生的学习能力，使学生积极主动地、生动活泼地学习和发展。

6. 个性化理念

丰富的个性发展是创造精神与创新能力的源泉，知识经济时代是一个创新的时代，它需要大批具有丰富而鲜明个性的个性化人才来支撑，因此它催生出个性化教育理念。现代教育强调尊重个性，正视个性差异，个性张扬，鼓励个性发展，它允许学生发展的不同，主张针对不同的个性特点采用不同的教育方法和评估标准，为每一个学生的个性充分发展创造条件。它把培养完善个性的理念渗透到教育教学的各个要素与环节之中，从而对学生的身心素质特别是人格素质产生深刻而持久的影响力。个性化理念在教育实践中，首先要求创设和营造个性化的教育环境和氛围，搭建个性化教育大平台；其次，在教育观念上，它提倡平等、宽容精神与师生互动，承认并尊重学生的个性差异，为每一位学生个性的展示与发展提供平等机会和条件，鼓励学习者各显神通；最后，在教育方法上，注意采取不同的教育措施施行个性化教育，注重因材施教，实现从共性化教育模式向个性化教育模式转变，给个性的健康发展提供宽松的生长空间。

7. 开放性理念

当今时代是一个空前开放的时代，科学技术的日新月异、信息的网络化、经济的全球化，使世界日益成为一个更加紧密联系的有机整体。传统的封闭式教育格局被打破，取而代之的是一种全方位、开放式的新型教育。它包括教育观念、教育方式、教育过程的开放性，教育目标的开放性，教育资源的开放性，教育内容的开放性，教育评价的开放性，等等。教育观念的开放性指民族教育要广泛吸取世界一切优秀的教育思想、理论与方法为我所用；教育方式的开放性即教育要走国际化、产业化、社会化的道路；教育过程的开放性即教育要从学历教育向终身教育拓宽，从课堂教育向实践教育、信息网络化教育延伸，从学校教育向社区教育、社会教育拓展；教育目标的开放性即教育旨在不断开启人的心灵世界、唤醒创造潜能，不断提升人的自我发展能力，不断拓展人的生存和发展空间；教育资源的开放性指充分开发和利用一切资源，包括传统的、现代的、民族的、世界的、物质的、精神的、现实的、虚拟的等各种资源，用于教育活动，以激活教育实践；教育内容的开放性指教育要面向世界、面向未来、面向现代化设置教育教学环节和课程内容，使教材内容由封闭、僵化变得开放、生动，更具现实包容性与新颖性；教育评价的开放性指打破传统的单一文本考试的教育评价模式，建立起多元化的、更富有弹性的教育评价体系与机制。

8. 多样化理念

现代社会是一个日益多样化的时代，随着社会结构的高度分化，社会生活的日益复杂和多变，以及人们价值取向的多元化，教育也呈现出多样化发展的态势。这首先表现在教育需求多样化，为适应经济社会发展的要求，人才的规格、标准必然要求多样化；其次表现在办学主体多样化、教育目标多样化及管理体制多样化；再次还表现在灵活多样的教育形式、教育手段，以及衡量教育及人才质量的标准多样化，等等。这些都对教育教学过程的设计与管理提出了更高的要求和挑战，它要求根据不同层次、不同类型、不同管理体制的教育机构与部门情况进行柔性设计与管理，它更推崇符合教育教学实践的弹性教学与弹性管理，主张为教育事业的发展提供更加宽松的社会政策法规体系与舆论氛围，以促进教育事业的繁荣与发展。

9. 生态和谐理念

自然物的生长需要良好的自然生态环境，人才的健康成长同样也需要宽松和谐的社会生态环境的滋润。现代教育主张把教育活动看作是一个有机的生态整体，这一整体既包括教育活动内部的教师、学生、课堂、实践、教育内容与方法诸要素的和谐统一，也包括教育活动与整个育人环境设施及文化氛围的协同互动、和谐统一，把融洽、和谐的精神贯穿于教育的每一个有机要素和环节之中，最终形成统一的教育生态链，使人才健康成长所需的土壤、阳光、营养、水分、空气等各种因素产生和谐共振，实现生态和谐地育人。所以，现代教育倡导“和谐教育”，追求整体有机的“生态性”教育环境建构，力求在整体上做到教学育人、管理育人、服务育人、环境育人，营造出人才成长的最佳生态区，促进人才的健康和谐发展。

10. 系统性理念

随着知识经济的来临，学习化社会的到来，终身教育成为现实。教育成为伴随人一生的最重要的活动之一。因而，教育不再仅仅是学校单方面的事情，也不仅是个人成长的事情，而是社会进步与发展的大事，是整个国民素质普遍提高的“助推器”，是关乎精神文明建设及两个文明协调发展的全局性、战略性大业，它是一项由诸多要素组成的复杂的社会系统工程，涉及许多行业和部门，所以需要全社会普遍参与、共同努力。所以，与传统教育不同，转型时期我国正在形成的是一种社会大教育体系，它需要在系统工程的理念指导下进行统一规划、设计和一体化运作，以培养人们的学习能力、提升人们的生存和发展能力为目标，实现社会系统内部各环节、各部门的协调运作、整体联动，把健全教育社会化网络作为构成教育环境的中心工作来抓，促进大教育系统工程的良性运行与有序发展，满足学习化社会对教育发展的迫切要求。

二、传统教学模式概述

传统教学模式主要是指运用传统的教学手段，完成特定的教学内容的一种课堂教学形式。其特点可以概括为教师板书口授、学生听讲做笔记，教师在教学中通过观察，能够根据学生的状态和反馈的信息，了解学生对所学知识的了解程度，随时调整教学策略和手段，以达到预期的教学目的。在传统教学模式中，教师是教学活动的中心，是教学活动的主体，是知识的传授者，学生是知识的接受者，媒体是教学活动的工具，教材是教学内容，课堂是教师展示教学技能、技巧和教学艺术的舞台，教师教学水平决定着学生的学习效果。

（一）常用的教学方法

1. 讲授法

讲授法是指教师通过简明、生动的口头语言向学生传授知识、发展学生智力的方法。讲授法通过叙述、描绘、解释、推论的方式来传递信息、传授知识、阐明概念、论证定律和公式，引导学生分析和解决问题。运用讲授法的基本要求是：①讲授既要重视内容的科学性和思想性，同时又要尽可能地与学生的认知基础发生联系。②讲授应注意培养学生的学科思维。③讲授应具有启发性。④讲授要讲究语言艺术。语言要生动形象、富有感染力，清晰、准确、简练，条理清楚、通俗易懂，音量、语速要适度，语调要抑扬顿挫，适应学生的心理节奏。

讲授法的优点是教师容易控制教学进程，能够向学生在较短时间内传授大量系统的知识。但如果运用不好，学生学习的主动性、积极性不易发挥，就会出现教师满堂灌、学生被动听的局面。

2. 讨论法

讨论法是指在教师的指导下，学生以全班或小组为单位，围绕教材的中心问题各抒己见，通过讨论或辩论活动，获得知识并巩固知识的一种教学方法。其优点在于，可以培养学生的合作精神，激发学生的学习兴趣，提高学生学习的独立性。一般在高年级或成人教学中采用。运用讨论法的基本要求是：①讨论的问题要具有吸引力。讨论前教师应提出论点和讨论的具体要求，指导学生收集阅读有关资料或进行调查研究，认真写好发言提纲。②讨论时，要善于启发引导学生自主发表意见。讨论要围绕中心论点，联系实际，让每个学生都有发言机会。③讨论结束时，教师应进行小结，概括讨论的情况，使学生获得正确的观点和系统的知识。

3. 直观演示法

演示法是指教师在课堂上通过展示各种实物、直观教具或进行示范性实验，让学生通过观察获得感性认识的教学方法。它是一种辅助性教学方法，要和讲授法、谈话法等教学方法结合使用。运用演示法的基本要求是：①目的要明确。②现象要明显且容易观察。③尽量排除次要因素或减小次要因素的影响。

4. 练习法

练习法是指学生在教师的指导下巩固知识、运用知识并转化成技能技巧的方法。在教学过程中，练习法被各科教学活动广泛采用。练习一般可分为以下几种：其一，语言的练习，包括口头语言和书面语言的练习，旨在培养学生的表达能力。其二，解答问题的练习，包括口头和书面解答问题的练习，旨在培养学生运用知识解决问题的能力。其三，实际操作的练习，旨在形成操作技能，实操练习在技术性学科中占重要地位。

5. 读书指导法

读书指导法是指教师指导学生通过阅读教科书或参考书获得知识、巩固知识，培养学生自学能力的一种方法。

6. 任务驱动教学法

任务驱动教学法，即教师给学生布置探究性的学习任务，安排学生查阅资料，对知识体系进行整理，再选出代表进行讲解，最后由教师进行总结的教学方法。应用任务驱动教学法教学时，可以小组为单位进行，也可以个人为单位组织进行，要求教师布置任务要具体，其他学生要积极提问，以达到共同学习的目的。任务驱动教学法可以让学生在完成“任务”的过程中，培养分析问题、解决问题的能力，培养学生独立探索的意识及合作精神。

7. 参观教学法

参观教学法，即教师组织或指导学生到相关地点进行实地观察、调查、研究和学习，从而获得新知识或巩固已学知识的教学方法。参观教学法一般由校外实训教师指导和讲解，要求学生围绕参观内容收集有关资料，质疑问难，做好记录，参观结束后，整理参观笔记，写出书面参观报告，将感性认识升华为理性知识。参观教学法可使学生巩固已学的理论知识，掌握最新的前沿知识。参观教学法主要应用于各种植物品种改良技术的工作程序、后代选择方法和最新研究进展等方面内容的教学。参观教学法可以分为：准备性参观、并行性参观及总结性参观。

8. 现场教学法

现场教学法是以现场为中心，以现场实物为对象，以学生活动为主体的教学方法。现场教学活动主要在校内外实训基地进行。

9. 自主学习法

自主学习法，即为了充分拓展学生的视野，培养学生的学习习惯和自主学习能力，培养学生的综合素质，教师通常给学生留思考题或遇到一些问题时，让学生利用网络资源自主学习的方式寻找答案，提出解决问题的措施，最后进行讨论和评价。

自主学习法主要应用于课程拓展内容的教学，学生自主学习，按照论文的形式撰写学习小论文，交由老师评价。自主学习法可以锻炼学生提出问题、解决问题和科技写作能力。

（二）教学方法的选择运用

科学、合理地选择和有效地运用教学方法，要求教师能够在现代教学理论的指导下，熟练地把握各类教学方法的特性，能够综合地考虑各种教学方法的各种要素，合理地选择适宜的教学方法，并能进行优化组合。教师选择教学方法的目的，是要在实际教学活动中有效地运用。首先，教师应当根据具体的教学实际，对所选择的教学方法进行优化组合和综合运用。其次，无论选择或采用哪种教学方法，要以启发式教学思想作为指导思想。另外，教师在运用各种教学方法的过程中，还必须充分关注学生的参与性。

三、传统教学方法评析

传统的教学方法或模式的最大特征是以教师为中心，在教学活动中，教师是主体，是知识的传授者，传道、授业、解惑是教师的基本职责，学生是知识的接受者，整个教学活动都是围着教师进行的。基本上都是“传递—接受”式，优点和缺点都很明显。其优点包括：教师在教学过程中发挥主导作用；教师有效组织教学管理，对教学过程进行有效调控，教学效率高；教师对教学环境要求不高，注重课堂上与学生的交流沟通，不仅在专业学术方面答疑解惑，对学生成长过程中的精神思想也能给予正确引导。传统教学方法最大的缺点是，学生在教学过程中处于被动学习状态，缺乏主动学习的意识，不能完全主动地去学习知识，满堂灌、填鸭式的教学方法很难培养出社会需要的有知识、高素质的综合型人才。从教师的角度来看，第一，他们大多是在传统的教育熏陶中成长，并且在传统的教学模式中获取知识。第二，对教材的处理有很大的主观性，常常是“一人一把号，各吹各的调”。第三，不少教师习惯于传统的教学模式或方法，形式单一，多沿用课本、黑板和粉笔及课件进行课堂教学。随着科学技术的飞速发展，知识的不断更新，教学容量不断扩大，这些都对传统教学方法形成了挑战。有句话说得很经典，“昨天来的老师，教今天的学生，去解决明天的问题”，充分说明了教学方法的滞后性。从学生的角度来看，在传统的教学模式下，学生被动地学习、接受知识，很多学生逐渐养成不爱问、不想问的呆板的学习习惯。“课堂记笔记，考前背笔记，考完全忘记”成了不少学生学习活动的真实写照。这种被动接收、机械训练的学法，不仅让学生缺乏想象力和创新精神，而且难以升华所学知识，最终导致许多学生高分低能，解决实际问题的能力低下。

随着社会的进步、科学技术的发展，知识更新的速度越来越快，对人才的培养提出了更高要求，在这样社会背景下，许多教育领域的专家对传统教育模式提出质疑，倡导使用先进教学模式培养社会所需要的人才。传统的教学模式确实需要改革，但改革传统教学模式并非全盘否定，任何变革都会遇到传统与现代的碰撞，正是在这种碰撞与融合中向前发展。

四、新型教学方法探索

（一）学生参与型教学方法

有怎样的教学理念和教学方法，就有怎样的教学行为。学生参与型教学方法的理念，具体指在学习中要围绕“一个中心，两个统一，三位一体，四轮驱动”展开。有人将此概括为“1+2+3+4”模式下的参与式创新教学。“一个中心”就是以学生为中心，改变传统的“老师教，学生听”为主的灌输式教学方式，把学生放在课堂教学改革的首位，让“老师教”变为学生主动设计并学习，提高学生的课堂积极性，让学生真正参与到课堂的互动过程中。

“两个统一”指理论与实践相统一。在保险学专业课程教学创新中，既要认真学习保险理论知识，但又不能唯书本论，要教学生将课本中的知识灵活运用到现实生活中，可将学生分成保险知识竞赛学习小组，通过参加小组知识竞赛问答活动，加深对保险模块知识的理解；同时，指导优秀的学生研究并撰写保险领域相关论文，指导学生参加相关创新项目研究，让学生的理论知识水平不仅仅停留在书本上；再者，加强实践教学，在课堂上添加实践教学内容，深入校企合作，让学生参与保险公司早会分析、电话营销、保险销售及客户订单跟踪等实际工作，让企业导师对学生进行指导，加强学生的社会实践能力。

“三位一体”就是充分结合网络、课堂及实践基地三个参与场所，第一步，让学生通过老师事先上传网络的保险微课学习，自主掌握各模块知识点；第二步，通过微课学习，学生找出问题并进行网络留言，老师在课堂上对学生学习中遇到的重难点问题进行透彻讲解，学生参与课堂讨论，突破各个重难点的学习；第三步，理论学习完成后，学生带着企业提供的真实项目到校企合作的实践基地进行职场工作演练，企业老师参与打分，最终实现三位一体的多维教学。

“四轮驱动”指通过保险教学软件平台、UMU互动教学平台、云课堂及创业学院四个平台，多方面地让学生参与到保险理论与实务相关模块知识的学习与实践中，突出保险课堂的多样化参与式教学，培养学生的创新精神、创业能力，提高专业人才培养的精准性，从而为社会提供企业所需要的复合型金融人才。

1. 参与型课堂教学改革的思路

“保险学”是金融类专业的基础课，同时也是学生对保险产生认知的第一门课。在对该课程教学进行改革时，主要有如下几点考虑：第一，我国居民的整体保险观念并不强，甚至对保险还有一些负面的看法。作为课程的主讲教师，不仅要教会学生学习业务知识，还要帮助学生树立正确的保险观念。因此有必要在课程教学中加入适量的活动，帮助学生正确地认识保险，积极地学会运用保险来转移风险。第二，“保险理论与实务”课程知识点多且散，还有一些相似或相近的概念，为了避免学生记忆偏差，教师可按照提纲树的方式罗列出章节重点知识。第三，为了增加课堂的趣味性，帮助学生理解记忆，在课堂上可采用多种教学方法相结合的方式。

2. 课堂教学改革的实践

我国居民的整体保险观念不强，有研究者专门针对部分地区的居民保险态度进行了调查，结果显示，仍有相当一部分人群拒绝购买保险，在他们的认知中，保险没有什么意义，甚至是不应该有的。学生们受家长的影响，整体的保险意识不强。面对这种情况，授课教师采取让学生组织晨会、认识保险人物、毕业学长现身说法，以及实地观摩保险等做法，帮助学生转变观念，正确认识保险。

（1）每周举办一次晨会。班级成员以小组为单位，每周举办一次晨会，每个小组每学期举办两次晨会，由教师对小组的晨会表现打分并计入平时成绩。晨会的内容包含保险新闻、保险案例、保险故事、保险知识等的讲解。通过这样的晨会，帮助学生们认识保险的作用和意义，了解保险的相关知识。同时，小组成员共同制作和演示 PPT，有利于提高学生的团队合作意识，这也符合从事保险行业者的基本素质要求。

（2）认识保险人物。安排每个小组制作一个 PPT，介绍一位优秀的保险人物，如保险行业的创始人、高管、优秀的业绩高手等，可选取世界寿险泰斗梅弟大师、日本推销之神原一平、中国台湾地区寿险大师林雪贞、平安保险公司董事长马明哲等。他们的奋斗经历都很典型，可以帮助学生开阔思路和视野。这些保险人物可以改变他们对保险推销员的固有印象，他们从这些优秀的保险人物身上能学到很多，因此能够增强他们从事保险行业的信心。

（3）组织安排学长学姐现身说法。在教学活动中，教师还可邀请已经毕业的学长学姐来到课堂，为学弟学妹们现身说法，介绍他们学习保险的方法或从事保险行业的亲身经历，给学生们最直观的真实感受。通过相互沟通，让学生们进一步清楚自己学习保险、选择保险后，未来的就业方向和奋斗目标。学长学姐们现身说法更接地气，更能让他们增强信心、坚定信念。

（4）实地观摩保险公司。在教学过程中，授课教师安排一定时间带学生去校外实践基地参观学习。保险公司作为朝阳行业，工作环境较好，学生们通过实地参观，能够了解保险行业的发展前景，熟悉保险公司的业务流程，感受保险公司的企业文化，见识员工的工作热情，这些积极因素可以影响和改变他们对保险的固有印象。通过如上几种方式，学生们不仅学习了保险知识，还开阔了眼界，增强了保险观念，为后续课程的学习奠定了基础。

3. 提纲挈领地归纳章节重点内容

（1）将课程章节故事化。保险学专业课有理论有实务，内容繁杂，知识点较多。授课教师要精心收集和归纳知识点，帮助学生记忆和理解。

（2）将重点知识精细化。对于重点章节，用“提纲树＋章节内容精讲＋案例讲解＋章节重点题目练习”的方式帮助学生理解。提纲树可以帮助学生了解课程架构，做到对章节重点了然于心；章节内容精讲让学生对重要的知识点加深理解；通过案例讲解，让学生进一步消化重要的知识；题目练习目的在于循序渐进地巩固章节知识点。

（3）每章课后辅以实操训练。保险理论与实务授课团队精心编写了每章的实操训练，内容涵盖课程内容回顾、理论知识练习和实务操作训练。每学完一章内容之后印发给学生，可以帮助学生及时温习巩固，提高学生的实际操作能力。期末课程结束之后，教师编写复习纲要，内容包括知识点回顾和例题解析。这样既能够帮助学生掌握课程重点知识，又为他们的期末考试复习提供了丰富的题库资源。

4. 多种教学方法并用

（1）案例教学法。案例教学法具有较强的实践性和启发性，能够有效提高学生综合素质和分析能力。对于保险课程而言，案例教学法应该积极地利用好。案例教学法因较受学生欢迎且教学效果好而被其他专业课争相引用。保险学专业课程运用案例教学法有得天独厚的优势：保险行业有丰富的案例资源，在保险索赔理赔中，被保险人与保险公司之间的纠纷争议，不是赔与不赔就是赔多赔少的问题，他们的利益严重冲突，很难协商解决或调解，大都是通过激进的方式即法律手段解决，因此保险界时时刻刻涌现各种各样的案例。通过案例教学，教师将知识传授给学生，同时将保险实务中发生的实例经过科学整理后展示给学生，让学生根据所学理论做出比较分析，从而掌握在实际业务操作中的具体做法。

（2）设疑法。“疑”是寻求知识的出发点，也是激发学生的支撑点。在课堂教学时，从发现疑问入手，设置悬念，启发学生的头脑，引导学生生疑、质疑，处于短暂的困惑状态，进而激发学生自行解疑、释疑的兴趣。例如，在讲解人寿保险相关险种时，教师首先指出两全保险是寿险基本险种之一，进而指出两全保险的被保险人到期获得的保险金均为自己的积蓄，这就使学生产生“保险与储蓄是否相同”的疑问，从而激发学生自主探索、解答疑问的兴趣。这种教学方法有助于训练并提升学生的自主性学习意识。

（3）分组讨论式教学法。分组讨论式教学法是指在教师的引导下，学生就课本中的基础知识或疑难问题先独立思考和研究，再进行小组之间的讨论和辩论。例如，让学生分组讨论人身保险和社会保险。每个学生独立思考后，经过小组的汇总和讨论，总结观点，并在小组之间进行探讨和辩论。教师在学生独立思考和小组辩论的过程中给予启发和点拨，进行异同对比，共同点可以从前提、对象、数理基础及物质基础等方面进行考虑；不同点可以从经营主体、实施方式、适用原则、行为依据、保障功能和保费负担等方面进行思考，这样就能对整个讨论过程进行掌控，既让学生开动脑筋，又能帮助学生答疑解惑。

（4）归纳演绎教学法。在保险课程中，学生学习保险金额计算比较吃力。保险金额的计算要求学生在掌握相关保险基本知识的基础上，必须有相关的数学知识。通过教学中归纳与演绎方法，使学生的实践能力得到锻炼。例如在讲解医疗保险的理赔时，会用到比例条款、免赔额条款和给付限额条款，为了帮助学生理解，教师归纳出“斩头去尾分中间”的记忆方法，帮助学生们理解并计算。

（二）任务导向“嵌入式”教学模式

1. 基本思路

首先，根据保险学专业毕业生的就业特点，按照理论够用的基本原则，调整保险学专业理论教学内容的结构，加强保险营销等核心专业课程理论教学，削减拓展性理论教学内容，抓住理论教学的重点，以减轻学生理论学习的压力，增加学生开展保险业务实践的机会。其次，将专业理论教学与保险业务实践教学两者相互结合“嵌入”教学活动过程之中，实现理论教学和实践教学的有机结合。一是设计工作场景氛围的学习环境，让学生在教学过程中就能深刻地感受保险行业的职场氛围，加深对保险职业及其岗位的认识。二是以工作项目和任务为教学导向。根据保险业务活动的工作内容，将保险业务活动分解成若干工作项目，在教学过程中，让学生模拟完成工作项目。在企业工作环境中，教师指导学生完成工作项目，能充分地调动学生学习的主动性，发挥学生在教学过程中的主体性作用。从理论教学到实践教学，再从实践教学回归理论教学，周而复始地循环，使理论教学与实践教学能够有机地融合。

2. 改革教学方法

首先，把核心专业课程教学融入工作项目和任务的完成过程中，让学生对需要掌握的专业理论知识有更深刻的认识。其次，改革教学方法。以就业为导向、以工作任务为中心，组织架构课程内容，加强训练学生的职业能力。在教学设计中，围绕岗位的工作任务，根据“工作任务对应教学项目”的原则，将课程内容划分成若干个教学项目。在教学过程中，教师在完成教学项目的同时，也指导学生完成工作任务，实现理论教学和实践教学齐头并进，从而让学生掌握完成工作任务需要的专业理论知识和专业技能。最后，加强任务导向“嵌入式”教学的配套改革。第一，重新构建课程内容体系，以适应任务导向“嵌入式”教学的需要；第二，采取多样化教学方式，如角色扮演、案例分析、小组讨论、情境实践、现场教学及网络交流学习等新的教学方式；第三，将“财产保险实务”“人身保险实务”等专业核心课程的教学与保险代理人、经纪人的职业岗位培训有机结合起来，整合教学内容，避免重复教学。

3. 把保险职业道德的培养融入教学活动中

在传统的教学体系和模式中，职业道德教育孤立于专业课程教学体系之外，简单地把职业道德和伦理作为专门的课程进行笼统讲授，教学内容枯燥乏味，保险职业道德教育一度缺失，导致学生缺乏职业理念和职业道德。将保险职业道德的培养融入理论教学和实践教学活动中，增强学生对保险职业的认识，提高职业道德水平和职业操守。一方面，结合专业理论课程的教学内容，介绍并分析保险职业岗位应有的职业素质和职业技能，提高学生对保险职业的认识；另一方面，按照保险职业的要求，制订学生在实践教学中的行为准则，规范其职业行为。

（三）微课、慕课与翻转课堂的应用

1. 微课应用

微课的核心组成内容是课堂教学视频（课例片段），同时还包含与该教学主题相关的教学设计、素材课件、教学反思、练习测试及学生反馈、教师点评等辅助性教学资源。它们以一定的组织关系

和呈现方式，共同“营造”了一个半结构化、主题式的资源单元应用“小环境”。因此，“微课”有别于传统单一类型的教学课例、教学课件、教学设计、教学反思等教学资源，是在其基础上继承和发展起来的一种新型教学资源。

“微课”的主要特点：①教学时间较短，教学视频是微课的核心组成内容。中小学生的“微课”的时长一般为5～8分钟，最长不宜超过10分钟。因此，相对于传统的40分钟或45分钟一节课的教学课例来说，“微课”可以称之为“课例片段”或“微课例”。②教学内容较少，相对于较宽泛的传统课堂，“微课”注重问题聚集，主题突出，更适合教师的需要。“微课”主要是为了突出课堂教学中某个学科知识点（如教学中重点、难点、疑点内容）的教学，或是反映课堂中某个教学环节、教学主题的教与学活动。相对于传统一节课要完成的众多的教学内容，“微课”的内容更加精简，因此又可以称为“微课堂”。③资源容量较小，从大小上来说，“微课”视频及配套辅助资源的总容量一般在几百兆左右，视频格式须是支持网络在线播放的流媒体格式（如rm、wmv、flv等）师生既可流畅地在线观摩课例，查看教案、课件等辅助资源，也可灵活方便地将其下载保存到终端设备（如笔记本电脑、手机等）上，实现移动学习、“泛在学习”，非常适合于教师的观摩、评课、反思和研究。④资源组成、结构、构成“情景化”，资源使用方便。“微课”选取的教学内容一般要求主题突出、指向明确、相对完整。它以教学视频片段为主线“统整”教学设计（包括教案或学案）、课堂教学时使用到的多媒体素材和课件、教师课后的教学反思、学生的反馈意见及学科专家的文字点评等相关教学资源，构成了一个主题鲜明、类型多样、结构紧凑的“主题单元资源包”，营造了一个真实的“微教学资源环境”。这使得“微课”资源具有视频教学案例的特征。广大教师和学生在这种真实的、具体的、典型化的教与学情景中，更易于实现“隐性知识”“默会知识”等高阶思维能力的学习，并实现教学观念、技能、风格的模仿、迁移和提升，从而迅速提升教师的课堂教学水平，促进教师的专业成长，提高学生学业水平。就学校教育而言，微课不仅成为教师和学生的重要教育资源，而且构成了学校教育教学模式改革的基础。⑤主题突出、内容具体。一个课程一个主题，或者说一个课程一个问题，研究的问题来源于教育教学具体实践中的具体问题：如生活思考、教学反思、难点突破、重点强调、学习策略、教学方法、教育教学观点等具体的、真实的、自己或与同伴可以解决的问题。⑥草根研究、趣味创作。正因为课程内容的微小，所以，人人都可以成为课程的研发者；正因为课程的使用对象是教师和学生，课程研发的目的是将教学内容、教学目标、教学手段紧密地联系起来，是“为了教学、在教中学、学中教”，而不是去验证理论、推演理论，所以，决定了研发内容一定是教师自己熟悉的、感兴趣的、有能力解决的问题。⑦成果简化、多样传播。因为内容具体、主题突出，所以研究内容容易表达，研究成果容易转化。因为课程容量微小、用时简短，所以传播形式多样化（网上视频、手机传播、微博讨论）。⑧反馈及时、针对性强。由于在较短的时间内集中开展“无生上课”活动，参加者能及时听到他人对自己教学行为的评价，获得反馈信息。较之常态的听课、评课活动，“现炒现卖”，具有即时性。由于是课前的组内“预演”，人人参与、互相学习、互相帮助、共同提高，在一定程度上减轻了教师的心理压力，不会担心教学的“失败”，不会顾虑评价的“得罪人”，较之常态的评课会更加客观有效。

2. 慕课的应用

（1）慕课的界定。慕课是英文缩写字母 MOOC 的音译，该术语是 2008 年由加拿大爱德华王子岛大学网络传播与创新主任与国家人文教育技术应用研究院高级研究员联合提出来的。在由阿萨巴斯卡大学技术增强知识研究所副主任与国家研究委员会高级研究员设计和领导的一门在线课程中，为了响应号召，Dave Cormier 与 Bryan Alexander 提出了 MOOC（慕课）这个概念。所谓 MOOC，“M”代表 Massive（大规模），与传统课程只有几十个或几百个学生不同，一门 MOOC 课程动辄上万人，最多达 16 万人；第二个字母“O”代表Open（开放），以兴趣为导向，凡是想学习的，都可以进来学，不分国籍，只需一个邮箱就可注册参与；第三个字母“O”代表Online（在线），学习在线上完成，不受时空限制；第四个字母“C”代表Course，就是课程的意思。MOOC课程在中国同样受到了很大关注。根据Coursera的数据显示，2013年在Coursera上注册的中国用户共有13万人，位居全球第九，在2014年达到了65万人，增长幅度远超过其他国家。Coursera的联合创始人和董事长吴恩达（Andrew Ng）在参与果壳网MOOC学院2014年度的在线教育主题论坛时谈到，现在每8个新增的学习者中，就有一个人来自中国。果壳网CEO、MOOC学院创始人姬十三（嵇晓华）也重点指出，和一年前相比，越来越多的中学生开始利用MOOC提前学习大学课程。以MOOC为代表的新型在线教育模式，为那些有超强学习欲望的90后、95后提供了前所未有的机会和帮助。Coursera现在也逐步开始和国内的一些企业合作，让更多中国大学的课程出现在Coursera平台上。中国的MOOC学习者主要分布在一线城市和教育发达城市，学生的比例较大。目前，我国线上慕课数量已达5 000门，学习人数突破7 000万人次，慕课总量、参与开课学校数量、学习人数均处于世界领先地位，已成为世界慕课大国。

2019年4月9日，参加中国慕课大会的600位代表汇聚北京，为办好更加公平、更有质量的中国高等教育，就推进中国慕课更快建设、更好使用、更有效学习、更有序管理共同发表《中国慕课行动宣言》。

（2）慕课的特点。慕课的主要特点有三个：第一，规模大，不是个人发布的一两门课程，而是大规模网络开放课程。MOOC就是指那些由参与者发布的课程，只有这些课程是大型的或者叫大规模的，它才是典型的MOOC；第二，开放课程。尊崇创用共享（CC）协议，只有当课程是开放的，它才可以称之为MOOC；第三，网络课程。不是面对面授课，这些课程资源散布于互联网上。人们上课不受地域局限，无论身在何处，都可以花最少的钱享受优秀大学的一流课程，只需要一台电脑和网络连接即可。

作为一种创新的学习模式，慕课有利于保险学专业课程教学的改革创新，通过慕课，保险类课程学习内容更吸引人，学习方式更受欢迎，学习时间及空间自由开放，同时可以减轻保险学专业教师的授课负担，提升其科研能力。因此，保险类课程应该充分发挥慕课优势，精心组织教学资源，注重实践教学，建立科学的学习效果评价体系，提高学生的学习热情，从而真正提高教学效果，实现教学目标，培养出复合型的高素质应用型保险人才。

（3）慕课教学范式下教师角色的转变。

第一，教师永远不可能被替代。随着微课慕课等线上教育资源的不断丰富，各种海量教育资源触手可及，对传道授业解惑的教师形成很大的冲击，不少人担忧这个最古老的职业会在慕课面前退居二线甚至消失。联合国教科文组织认为，没有教师的学校是空空的建筑，教师除了面对面教授学生知识，还要引导学生学会思考，自主安排时间学习，培养学生的学习能力，这种自我管理、自觉学习的习惯，以及其他方面的能力训练的角色，绝不是鼠标、键盘、显示器或其他移动终端所能取代的。

第二，教师角色转换的方向。教师须尽快适应慕课教学，组织、设计慕课教学活动，当好导航员和指导员。伴随着知识更新的速度不断加快，各个专业的课程和教学形式必须跟上时代变化。教师应提高教学组织能力和课程设计、开发能力，慕课教学中多样化的学习方式，仍然需要教师指导选择、组织设计和实施，负责确定教学目的、选择教学策略、设计教学方式，并制作教学媒体。慕课淡化了传统教学活动中教师的信息源或传播者的单一角色，突出教师在学生学习活动的导航员和指导者角色，面对知识更新、信息激增的网络世界，教师要指导学生利用网络资源查询、检索知识，帮助学生在网络世界和信息海洋中自由、安全地航行；唤醒和激发学生潜能，引导学生个性发展。慕课是信息本位教学，有很多共享资源，教师在帮助学生利用网络资源、自主学习过程中，要注意发掘学生的兴趣和潜能，杜绝各种不良信息，关心学生的身心健康，正确引导他们的个性发展；改变教育观念，努力构建在教师指导下的以学生为中心的学习环境。进入信息社会，知识的总量急剧增加，且半衰期愈来愈短，迫切需要自学能力强和能够快速进行信息检索、信息获取与处理的人才，教师不仅要教授基础知识，还要培养学生独立思考问题、分析问题、解决问题的能力。传统教学活动以教师为中心，现代教学活动务必以学生为中心，把学生推上舞台，教师是导演和制片人，学生是主角，学习活动让学生做主。

此外，教师还要不断学习，熟练掌握慕课工具。要充分认识到，网络资源中的各种知识远比教师传授给学生的要多。上好慕课，既要具备基本的讲课能力，还要具备一定的信息技术水平及组织协调能力，同时还要做好与学生课堂内外的实时互动，及时帮助学生解决遇到的各种问题，与学生们打成一片，成为学生的良师益友。对于教师的角色，蔡元培说过这样的话："我们教书，是要引起学生的读书兴趣，做教员的不可一句一句或一字一字地讲给学生听，最好使学生自己去研究，教员不讲也可以，等到学生实在不能用自己的力量去解功课时，才去帮助他。"蔡元培的这番话讲得很深刻，意在鞭策我们做教师的以各种方式和手段最大限度地激发学生读书学习的兴趣，引导并训练他们独立解功课的能力。无论是传统教学还是新兴教学都不能偏离这个方向。

3. 翻转课堂的实践

根据不同的专业课程设计教学方法、选择教学技术。现代教育技术发展中的核心问题是，如何利用网络多媒体技术构建教学资源、如何有效地应用这些资源为教学服务。教学资源主要体现在两个方面：一是教学资源的建设，包括基本教学资源和拓展教学资源的建设；二是教学平台的建设与合理使用。开展翻转课堂的限制条件是：翻转课堂模式的开展，要有较完善网络化教学环境的支撑。目前大学教学条件基本可以满足翻转课堂的要求，但是学校无线网络还无法做到全覆盖，加之网络运行质量时有问题，常常影响教学活动，阻碍了教学模式的开展且增加了学生的学习成本。三是教师的专业技能问题，保险学专业教师在业务知识方面比较熟练，但翻转课堂需要具备熟练运用网络、操作计算机的能力，有个别教师还不能熟练运用这些技术，限制了翻转课堂教学的实施。

（1）翻转课堂的概念。翻转课堂译自“flipped classroom”或“inverted classroom”，也可译为“颠倒课堂”，即重新调整课堂内外的时间，将学习的决定权从教师转移给学生。在这种教学模式下，在课堂内的宝贵时间里，学生能够更专注于主动的项目学习，共同研究并解决一些实际问题，从而对知识获得更深层次的理解。教师不再占用课堂时间来讲授信息，这些信息需要学生在课前自主学习获得，他们可以看视频讲座、听播客、阅读电子书，还能在网络上与别的同学讨论，能随时去查阅需要的材料。教师也能有更多的时间与每个人交流。在课后，学生自主规划学习内容、学习节奏，教师则采用讲授法和协作法来满足学生的需要，促成他们的个性化学习，从而让学生通过实践获得更真实的学习。翻转课堂模式是大教育运动的一部分，它与混合式学习、探究性学习等其他教学方法和工具在含义上有所重叠，都是为了让学习更加主动、灵活，让学生的参与度更强。互联网时代，学生通过互联网学习丰富的在线课程，不必一定要到学校接受教师讲授。互联网尤其是移动互联网催生翻转课堂式教学模式。翻转课堂式教学模式是对传统课堂教学结构与教学流程的彻底颠覆，由此将引发教师角色、课程模式、管理模式等一系列变革。“翻转课堂”有如下几个鲜明的特点：第一，教学视频短小精悍。不论是萨尔曼·汗的数学辅导视频，还是乔纳森·伯尔曼和亚伦·萨姆斯所做的化学学科教学视频，一个共同的特点就是短小精悍。大多数视频都只有几分钟的时间，较长的视频也只有十几分钟。每个视频都针对一个特定的问题，有较强的针对性，查找起来也比较方便；视频的长度控制在学生注意力比较集中的时间范围内，符合学生身心发展特征。通过网络发布的视频，具有暂停、回放等多种功能，可以自主控制，有利于学生的自主学习。第二，教学信息清晰明确。萨尔曼·汗的教学视频有一个显著的特点，就是在视频中唯一能够看到的就是他的手，不断地书写一些数学的符号，并缓慢地填满整个屏幕。除此之外，就是配合书写进行讲解的画外音。用萨尔曼·汗的话来说："这种方式。它似乎并不像我站在讲台上为你讲课，它让人感到贴心，就像我们同坐在一张桌子面前，一起学习，并把内容写在一张纸上"。这是"翻转课堂"的教学视频与传统的教学录像的不同之处。视频中出现的教师头像以及教室里的各种物品摆设，都会分散学生的注意力，特别是在学生自主学习的情况下。第三，重新建构学习流程。通常情况下，学生的学习过程由两个阶段组成：第一阶段是"信息传递，"是通过教师和学生、学生和学生之间的互动来实现的。第二个阶段是"吸收内化"，是在课后由学生自己来完成的。由于缺少教师的支持和同伴的帮助，"吸收内化"阶段常常会让学生感到挫败，丧失学习的动机和成就感。"翻转课堂"对学生的学习过程进行了重构。"信息传递"是学生在课前进行的，老师不仅提供了视频，还提供在线的辅导；"吸收内化"是在课堂上通过互动来完成的，教师能够提前了解学生的学习困难，在课堂上给予有效的辅导，同学之间的相互交流更有助于促进学生知识的吸收内化。第四，复习检测方便快捷。学生观看了教学视频之后，是否理解了学习的内容，视频后面紧跟着的4～5个小问题可以帮助学生及时进行检测，并对自己的学习情况作出判断。如果发现几个问题回答得不好，学生可以回过头来再看一遍，仔细思考哪些方面出了问题。学生对问题的回答情况，能够及时地通过云平台进行汇总处理，传递给老师，帮助教师了解学生的学习状况。教学视频另外一个优点就是，便于学生一段时间学习之后的复习和巩固。评价技术使得学生学习的相关环节能够得到实证性的资料，有利于教师真正了解学生。

（2）翻转课堂引入保险学专业课教学。保险学专业课教学改革，要引进应用翻转课堂，促进课程教学改革向纵深方向发展，需要做好以下四个方面的准备工作。

第一，要树立教育变革的坚定信念。观念决定行为。有什么样的教育观念，就会有什么样的教育行为。很多教师在"分数至上"的教育环境中已经锤炼出了一套看家本领，形成了固定的教学范式和习惯。实施“翻转课堂”，必然要打破老师和教育环境之间的平衡，让自己处于一个新的、不确定的动荡状态之中。如果没有坚定的改革信念作为支撑，教师通常是不愿意“革”自己的命的。

第二，要有较高的教育信息化素养。现在的学生，本身就生活在信息时代，从小在信息爆炸的环境中成长，对信息时代的电子产品和各类软件有着天然的亲近感。但今天的教师不同，他们的青少年时代基本上都没接触过电脑，缺少了对信息技术的一份亲近感。大多数教师平时使用电脑就是上网、编写一些文本和数据表格、制作 PPT 等，对其他的软件和技术很少涉猎。虽然视频平台可以聘请人来进行制作，但如果教师不具备与教学视频编制相关的技能，要推动“翻转课堂”改革是很困难的。

第三，要抓住“翻转课堂”的关键点。为了实施“翻转课堂”，很多人将主要的精力都放在了视频的制作上，这其实也是一个误区。视频固然重要，但更为重要的是如何支配课堂上的剩余时间。对于课堂的对话和讨论，需要教师精心准备和细致观察，真正做到因材施教。“翻转课堂”之所以成功，是因为课堂讨论有助于学生“吸收内化”质量的提升。

第四，做好角色转换。首先，教师的角色从传统的圣人角色转变成导师；其次，学生的角色更加突出，体现出学习的主体性和主动性。如果没有一定的主动性，“翻转课堂”中的学习无法进行，必须需要学生的主动操作和主动思考；家长的角色转变，家长在传统的教育思想体系下很难接受新型学习模式，在此过程中，要加强“翻转课堂”学习的宣传工作，让家长也能够理解新型教育方式，从而营造良好的学习氛围和环境。“翻转课堂”的实践中，需要正确处理好教与学的关系。

（四）对案例教学法的改革利用

1. 案例教学法的起源

案例教学法是一种新型教学方法，具有启发性、实践性，能提高学生的决策能力和综合素质。关于案例教学法的起源有两种说法，一种说法认为案例教学出现于20世纪初，起源于美国。1918年前后，哈佛大学管理学院的教师开始在课堂上讲授企业实际案例，让学生讨论，这是企业管理案例的雏形，当时尚未形成文字材料，也不是一种固定的教学方法。1920年，该校受到洛克菲勒财团的资助，进行新的教学方法的实验，便开始调查、编写教学案例，进行试用。教学案例的编写由粗到细、由简单到复杂，逐渐成熟起来，案例教学也逐渐成为一种独特的教学方法。另一种说法认为，“案例教学法”（casemethod），又称“苏格拉底式教学法”（socraticmethod），是由哈佛大学法学院前院长克里斯托弗·哥伦布·兰代尔（Christopher Columbus Langdell）于1870年前后最早使用于哈佛大学的法学教育之中，是英美系国家如美国、加拿大等国法学院最主要的教学方法（蔡文丽，2011）。两种说法对案例教学法的起源时间表述不一致，但认同起源地在美国。20世纪80年代，案例教学开始引入我国。

2. 案例教学法的类别

案例教学法一般归纳为三大类别，即经典案例教学法、传统案例教学法和项目案例教学法，如图6-1所示。

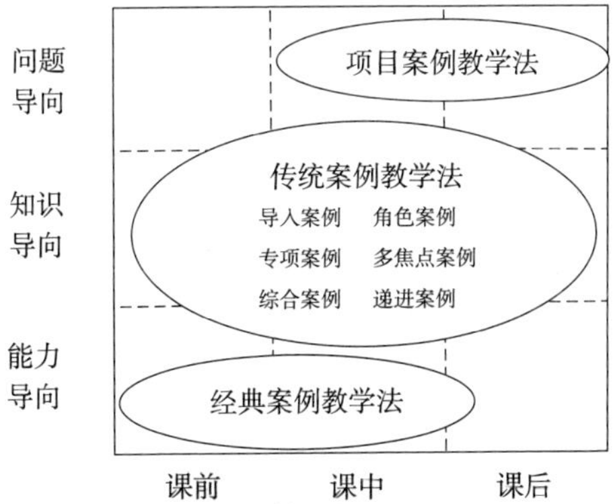

图6-1 案例教学类别矩形

资料来源：谭俊峰．案例教学法的内涵、类别及应用解析［J］．北京经济管理职业学院学报，2020，35（3）：44.

经典案例教学法是专指以哈佛商学院、毅伟商学院等为代表的具有统一教学规范、明确教学目标与要求和专门案例选择的案例教学法。这类案例教学法也是我们通常意义上所说的“最正宗”的案例教学法，它也是彻彻底底的“舶来品”。经典案例教学法所选用的教学案例源于教学案例资源库，而入库的案例又以真实事件为背景，经过了规范化的案例写作、测试与评审。为提高案例的时效性和鲜活性，每年会对案例资源进行更新与补充。编写教学案例并不是件容易的事，它要求有明确具体的采写程序、写作规范和评审规定，纳入资源库中的教学案例也并非都是成功经验或正确做法。经典案例教学法非常注重教学的规范性，无论是对教师还是对学生，都有明确具体的任务要求，有的还配备了专门的指导书，包括案例写作、案例教学、案例学习内容。

传统案例教学法，是指在传统讲授式教学法的基础上，通过包含、引入、演化、提升、创新等过程而形成的案例教学方式。其特点是灵活多样，注重知识传递和课堂教学。在传统案例教学法实施过程中，教师对教学目标达成、案例使用深度和学生研讨进程影响较大，教师的教学弹性较大。这一方面有助于提高选用案例的时效性和针对性，提高了案例教学的适用性和灵活性；另一方面也带来教学成果评估与考核的难题，缺少案例教学研讨的规范性和一致性，给学生适应案例教学法带来挑战，难以与应用标准化的案例研流程、模式工具相适应，弱化了案例使用效率与决策思考深度。

项目案例教学法是以问题为导向的教学方法，与经典案例教学法相反，项目案例教学法注重对现实问题、具体任务提出最终的解决方案，可以简单将其理解为通过“行动学习”方式完成项目所提出的目标任务。项目案例教学法将更多占用课余时间，这是解决实际问题的客观要求，发现问题必须源于现场，解决问题也必须回到现场，教室里不可能解决市场上的问题，至多是对问题的梳理与研讨。

3. 案例教学法的教学流程

案例教学流程由三个连续的教学阶段构成，即教学准备阶段、教学实施阶段及教学转化阶段，再通过教学反馈环节完成对案例教学自身的闭环反思，不断提升案例教学设计与应用水平（图 6-2）。教学准备阶段是整个案例教学活动的起点，其核心任务是案例筛选，要点是针对教学目标，匹配教学案例。教学准备阶段对案例教学起到基础性支撑作用，对教学成果会产生直接影响。首先是根据学情分析来确定案例备选的原则，包括案例的时效性、适用性、新颖性和针对性；其次是收集、整理备选案例，并对备选案例进行评价与选择，包括案例主题、表现形式、应用要求等；最后是针对具体教学要求和教学案例的规定，完成案例资料的教学化设计。教学实施阶段是案例教学的重点阶段，根据教学案例设计不同，该阶段不仅可能包含课前的学习研讨环节，而且可能涉及课后的落地实施环节，但核心环节仍是课中的教学组织过程，其核心任务是按照教学计划完成决策研讨，要点是对案例学习过程的有效干预和方法指导。从教学角度看，本阶段对教师的主要挑战在于，有效平衡学科知识和研讨方法间的比重关系，平衡启发和引导教练角色和专家咨询顾问角色间的平滑转换。影响教师案例教学水平的关键因素并非学科研究上的差异，而是教学触动技术上的不同，教授的职称并非等同于教学能力。从某种意义上讲，真正把课堂时间交给学生，通过提问探寻导向深度思考，构建平等对话、鼓励质疑的研讨氛围，高效完成场景化应用链接、探寻式引导促动、团队式共创学习，才是影响案例教学目标达成的关键因素，也是评价教师案例教学能力的核心指标。

教学转化阶段是案例教学的成果应用阶段，其核心任务是完成知识迁移，通过有针对性的任务布置或由学生自行创设的行动计划，完成知识技能的应用和内化（要点）。“没有使用就没有作用”，无论是决策能力还是应用技巧，只有在“用”的过程中才能完成检验、迁移和内化。课堂教学结束才是学生学习内化的真正开始。这一阶段教师的主要任务在于提供支持、鼓励和监督，核心是调动学生能力转化的主动性和行动力，教学活动不发生在教师的口头上，而是产生于学生的行动中。案例教学既不是简单的教学概念和理论符号表述，也不是轻松的情境陈述和内容研讨，它是一个服务于教学目标的有意识、有方法、有规律且有挑战性的实践过程。透过广泛多样的案例教学表象，深入案例教学法内部，理解与剖析内涵，辨识与区分类别，梳理与总结流程，将有助于对案例教学法的整体认知和应用把握，进而提高理论研究深度和实践教学水平。

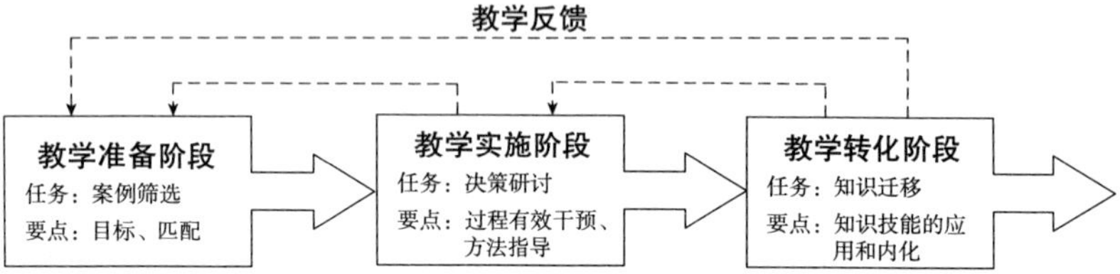

图 6-2　案例教学流程

资料来源：谭俊峰．案例教学法的内涵、类别及应用解析［J］．北京经济管理职业学院学报，2020，35（3）：47.

4. 案例教学法的作用

应用案例教学法，既可巩固学生所学的理论知识，又可提高学生的实际操作能力。应用案例教学法，既可向学生传授知识，又能大力发展学生智力，提高学生的基本素质。应用案例教学法，使学生变被动听讲为主动参与，有利于调动学生的积极性和主动性。应用案例教学法，通过课堂讨论与案例分析报告的撰写，不断提高学生的语言文字表达能力。

5. 案例教学中需要处理好的几个关系

（1）案例教学与授课教学的关系。案例教学和授课教学同为管理教学中两种常用的方法，案例教学侧重实践，它从归纳的角度展开某一专题的学习，学习过程中让学生高度投入事先安排好的一系列精巧设计的案例讨论中，从而达到教学效果；授课教学侧重理论教学，通过演绎推理来传授知识，其逻辑起点是较正式地阐述概念结构和理论，然后用例子和问题来讨论。在教学过程中，应如何处理好二者之间的关系呢？有两个因素需要考虑：一是教授的对象；二是学生和教师的素质。针对低年级的本科生应以“授课为主，辅以案例”的原则进行教学为好，对本科生采用案例教学的课时应保持在10%～15%，最好不超过20%。授课教学的优势在于，可以为案例教学提供所需的基础知识和理论知识；案例教学的优势在于弥补传统授课教学重理论轻实务，重宏观轻微观，重传授轻参与的不足，二者应有机结合，取长补短。

(2) 案例教学与其他教学手段的关系。案例教学与其他教学手段不是要完全排斥，而是要解决兼容以及主辅问题。

(3) 案例教学中“教”与“学”的关系。在传统教学中，教师是“讲解员”，学生是“听众”。教师把自己知道的知识传授给学生，学生去听、去理解、去消化吸收。案例教学法与这种“传道、授业、解惑”式的教学模式不同，其主要形式是课堂讨论，即教师和学生共同参与对案例的讨论与分析。与传统教学相比，教师和学生的角色都要有所转变。教师要充当好“导演”和“导航”角色，指导案例讨论的过程，包括有针对性地选择案例，引导学生去思考、去争辩、去作出决策和选择，去解决案例中的特定问题；引导学生探询案例中各种复杂的情形及其背后隐含的各种因素和发展变化的多种可能性。在这一过程中，教师既不能让案例讨论放任自流，又不能严格控制，要让学生说出自己想说的话，教师忌当“演说员”“评论员”和“仲裁员”。学生要充当参与者，要成为课堂的主角。为此，学生在课前需要认真做好课前准备，仔细阅读教师指定的案例材料，分析和思考当中的问题；课上不要只听不说，要积极发言，讲出自己思考的结论，大胆与他人展开辩论；要学会总结，从中逐渐提高自己的理论知识水平和实际操作能力。

6. 案例教学法的改革

充分利用各种互联网技术、平台和资源，实现互联网技术与传统教育的有效融合，可以提高保险学案例教学的质量。对案例教学法进行设计，分为课前准备、课堂讨论与课后拓展三个环节。在课前准备环节，教师利用互联网精选案例，并动员学生提供案例。学生对网络的使用一般都非常娴熟，可以通过一定的激励制度鼓励学生自己收集案例，得到老师的许可后用于案例教学。这样一方面拓宽了案例的来源，避免教师选择案例的局限性；另一方面可增加案例的趣味性、实时性，有助于激发学生主动学习的热情。另外，案例的选择要难易适度，因为案例难易程度直接影响案例教学时间的利用效率。如果太难，学生可能因知识储备不足导致研讨时热热闹闹却不得要领；如果太简单，问题或答案一猜便知，又会降低学生的参与热情，达不到训练的目的。

在课堂讨论阶段，利用互动学习平台增加讨论的深入性和趣味性。增加案例分析的学生互评环节，成绩构成上可以针对案例分析，设置30%～40%的分数，但是这个分数由教师评价和学生互评组成更加合理。在课后拓展阶段，提供案例延伸讨论的平台。课堂上热烈的讨论，往往会激发学生对案例进行更多角度以及更深层次的思考。可以通过网络平台在课后继续展开讨论，讨论方式包括文字、语音、视频、图表等，线上延伸是课堂讨论。由于时间不再受限，讨论的范围可能不光涉及案情本身，还会甚至涉及一些稀奇古怪的问题。参与讨论的对象主要是学生，教师可以适时地介入。对于案例教学，还要加强过程管理，以保证整个教学过程在教师的有效掌控之中。如果缺乏有效组织，讨论很容易远离主题，变成混乱无序的闲聊。为此，教师应事先明确案例讨论的参与规则、任务与目标，并适时对讨论节奏与秩序进行引导和规范。同时，教师可以借由案例提出一些拓展性的话题供学生思考，培养学生独立分析问题的能力。对现实案例进行持续追踪。现实中，有些保险案例是持续性的，这需要教师保持足够的观察力和敏感度，通过移动网络或App等随时跟踪相关案情的发展。

移动互联网已经成为人们生活中的一部分，限制甚至禁止学生在课堂上使用手机显得不现实。教师必须转变观念，充分利用移动互联网资源，如微信、QQ、App等，使手机成为教学中的得力工具。充分利用移动互联网资源，有助于提高学生的参与热情，真正实现课堂“以教师为中心”向“以学生为中心”的转变。当然，教师应把握好自己的角色，既要转变教学主导者的身份，发挥组织者、引导者、启发者的作用，又要控制好教学方向和节奏，避免出现教学秩序失控。

（五）PBGS 教学模式

PBGS 是 Project Based Group Study 的简称，即“基于项目的团队学习”，是指注重能力教育，属于探究性、任务驱动式的教学模式，起源于 20 世纪初“从做中学”的基本思想，由美国实用主义教育思想代表人物杜威提出。PBGS 教学模式与传统教学模式相比，具有三个特征：第一，强调理论与实践的密切结合。PBGS 教学模式中的项目是教师根据所学理论知识，结合实践所给出的任务，是需要学生利用课堂所学知识来解决的问题，体现了理论与实践的结合，而项目的操作更有利于加深学生对知识的理解和记忆，提高学习效率。第二，强调学与做的结合。不可否认，传统的灌输式讲授有其特有的好处，比如传授知识的系统性强、效率高等，但一味地灌输理论会使学生注意力分散，时间长了就会引起学生的反感、产生厌学情绪。基于项目的团队学习模式强调学与做的结合，要求学生在项目执行中通过各种方式动手参与，在操作中学到知识，这种方式能够较好地激发学生的学习兴趣。第三，强调个体与团队的结合。项目的圆满完成仅靠个体能力很难实现，必须依靠团队的分工协作。项目操作过程中，老师只是分配任务、教授理论及点评项目，大部分任务要求学生自主完成，这样的方式能够锻炼和培养学生独立思考、自主创新和团队合作的能力，让个体在团队合作中有所收获与成长。

该教学模式以项目为载体，将学生分组形成多个团队，每个团队负责实施一个项目，运用组内合作的方式完成项目，在培养学生自主学习能力、沟通能力及团队合作能力的同时，也将课堂教学内容的理论与实践相结合，提高学生的理论水平和实践应用能力。

作为一种探究式的教学模式，对保险学的教学模块设计如下：将该课程分为“三个模块，九个学习项目”，保险基础模块分为风险与保险、保险基本原则、保险合同三个学习项目；保险类别模块包含财产保险、人身保险和再保险三个学习项目；保险经营模块包含保险费率、保险市场、保险监管三个学习项目。教师也可以依据实际情况，将上述的小模块再细分下去。教师需以主要项目为核心，对教材的结构和章节进行梳理，设计不同的学习情境并引导学生完成每一个学习项目，达到其在完成项目的过程中掌握知识的目的。学生要做的就是通过团队内的交流，选出团队小组组长，组长负责组内分工、协调、过程记录、对团队成员进行评价等工作；团队成员按照分工进行资料查找、制作并讨论，完成项目的学习。在这一过程中，教师的任务是做好进度管控，包括引导学生团队共同学习，指导团队讨论、制订和修订方案，并分工实施。最后，各小组进行成果展示、评价。自我评价、组长评价、组间评价及教师评价综合起来构成最终评价结果。作为一种注重实践能力培养的有效教学方法，PBGS 教学模式（法）不可能适用于一切教育领域和学科教学，而且也不能单一使用。在应用型课程教学中，教师应该将其与案例教学法等其他教学方法结合使用，才能达到最佳教学效果。因此，在实际教学中，教师应该根据教学学时和教学目标，循序渐进地安排比例，不能一味地依赖于该教学模式。教师在实际运用时不仅要对课程有系统的思路，还要有极大的创造性和应变能力，一方面，设计出既有利于学生个性发展，又促进其全面能力提升的教学方案；另一方面，在项目实施过程中，灵活机动地对学生进行恰当的指导、管理与帮助。

PBGS 教学法常见的操作方法可概括为：拟定项目—分配任务—分工协作—公布（展示）成果。在保险与类似制度的比较部分可以现身说法、访谈或辩论的方式进行；保险合同纠纷的解决可采用案例分析或模拟法庭方式；保险合同的市场营销部分可采用情景剧、制作小视频等方式；保险经营监管部分可模拟保险公司的晨会、夕会及扮演监管人员角色予以现场提问等形式。保险学专业以培养掌握保险基本理论、基本技能，并具有较强实践能力的应用型本科人才为目的，在教学过程中，始终要以增强学生的理论与实践结合能力为主旨，要求学生掌握基础理论知识的同时，更加注重其研究能力和理论转换能力的训练。

理论与实践学时的比重，从通常的 7∶3 可以调整为 6∶4，甚至是 5∶5，学时数量的增加可满足实践教学的需要。

情景模拟教学法通过角色演练、场景仿真展开模拟教学。这种展开方式不受设备技术的影响，主要是根据模拟演练方案中确定的角色、任务、时间、步骤、背景等，实施人工演练，保险教学可充分运用情景教学法开展模拟教学，如模拟业务人员拜访客户和推介保险产品，训练其沟通技巧和表达能力；模拟承保过程中的核保及单证的审核，模拟理赔过程中的勘察、定损和赔付等。尤其是针对保险合同纠纷，运用所学的保险合同法和保险基本原则，让学生分别扮演投保人、保险人、被保险人或受益人、法院人员等不同角色，开展保险纠纷模拟法庭活动，为学生们提供生动丰富的学习素材，促进保险教学由课内向课外的迁移，提高学生保险业务的操作能力。

（六）多元化教学

多元化教学是指基于多种教学理念，将多种教学方法、教学手段、教学组织形式有机结合并运用的教学活动。保险学多元化教学，既是教育模式的转变，也是教学方法的一种变革，对提高保险学专业学生的综合素质和实践能力起着不可替代的作用，同时也对改善保险学教学效果，培养高素质复合型保险人才有着重要的意义。保险学以市场经济条件下的保险经济关系作为研究对象，从经济、金融、法律、数理等方面揭示其本质及其运行和管理的内在规律，其学科的多属性、综合性的特点，决定了保险学必须依靠多元化的教学手段才能有效实现教学目标。如何做到多元化教学，具体来说要依托课程网站实行重难点教学，强调案例与问题导向，实施专题播报讨论、核心业务仿真模拟、业界精英进课堂等多种形式，结合热点进行创新训练，考核方式可多样化。保险学课程多元化教学，将教学内容与保险实际相结合，将传统灌输式的静态教学转换为参与式的动态教学，以课内带动课外、线下带动线上的方式，实现了“学生主体”与“教师主导”的平衡，有效激发了学生的学习主动性和学习兴趣，创造了“学生协作、师生/生生互动”的学习情境，锻炼并提高了学生搜索信息、发现问题、分析问题、创新问题和解决问题的能力，让教学效果更贴近新时代复合型高素质保险人才培养目标。

教学改革中的教师：作为一名大学教师，不仅要讲好课程，还要进行科学研究，不管评职称与否，都要搞科研。教学研究就是科学研究中的重要内容，要重点研究如何教与如何学。教好的前提是自己先学好，不仅要学习专业领域相关课程的知识，还要学习专业经典专著，了解专业学术前沿，洞悉社会经济实际情况，学习教学方法，只有这样才能做好教的环节。不仅要自己学，而且教会学生掌握学的方法，教不是一味地灌输，而是一种启发和引导。教师应比较不同版本的教科书，熟悉教学参考书，在此基础上写好教案，制作课件，教案与课件准备好后要不断充实，添加新的素材，在讲课时旁征博引、深入浅出，将重点问题讲深、讲透，将难点问题讲明白，让学生学到真知识、掌握真本领、学会真功夫，成为合格的人才。教师要保持终身学习的习惯，始终保持对新知识、新事物学习的积极性，与时俱进，不做时代的落伍者。

（七）线上教学探讨

2020 年新冠肺炎疫情的爆发，使各行各业受到了不同程度的冲击，人们的生活、学习和工作受到极大影响，许多工厂被迫停工停产，学校也不能正常开展教学活动。在教育部“停课不停学”的要求下，各地学校在做好各项疫情防控工作的同时，积极开展线上教学。线上教学能有效突破学习者时间和空间上的限制，丰富了上课场景。学生可以自由重复学习。课本与学习资源互补的学习方式更为灵活，能培养学生自主学习的好习惯和学习兴趣。经历线上教学的师生们除了充分体会到其优势外，还能感受到其中的弊端。首先，网络平台流量瓶颈限制了平台的正常使用，利用网课学习的人数众多，平台难免卡顿、崩溃，导致学生无法正常学习，影响其学习进度和热情，还有的少数偏远地区根本不具备网络教学的基本条件。其次是缺乏管理，由于缺乏良好的学习秩序、氛围和环境等，学生可能会出现注意力难以集中等问题，有些自制力不强的学生消极挂机、隐身或潜水，将学习抛之脑后。最后是缺乏师生面对面的沟通，师生之间的感情交流有所欠缺，对学生的个性发展不利。

提高线上教学质量的建议及措施：第一，加强平台建设，加大高校优质资源整合和开发的力度。教学平台是影响线上教学质量的主要因素。因此，做好平台建设至关重要。一方面，逐步完善现有大平台的各项功能，提高其承载能力，确保网速正常运转；另一方面，加大高校优质资源整合和开发的力度，实现资源共享。第二，加强线上教学研究，探索线上教学新模式。线上教学是新生事物，教师和学生都缺乏足够的经验，在摸索中前行。因此各级教研部门要加强线上教学的研究，探索线上教学新模式，并结合学科特点，总结现有经验，提出符合各学科、各学段、各学情的教学方式及建议。第三，加强教师业务培训，提升教师的在线教学能力。进一步加强对教师信息技术应用的培训，提升教师的在线教学能力，使教师能熟练掌握线上平台操作各项技能，及时总结在线教学经验；加强备课，利用学院在线授课教师交流群及时反馈、交流授课经验，使先进的教学模式、教学经验得到实时分享。教师要强化课前、课中和课后的教学活动设计，上课前，根据课程体系将课程内容划分为模块化的知识点和学术前沿问题，在QQ群和雨课堂同步发布预习任务，并将相关资料推送给学生，指示学生按要求预习，引导学生发现问题，针对问题查阅文献并推送至“云端”平台。针对网络授课的特点，充分准备突发情况预案（如QQ群课堂网络卡顿时，则启用腾讯会议或课后推送预先录屏的讲课视频）。通过与学生线上交流，了解他们在课前学习中遇到的问题，据此做好包括布置课堂讲解、讨论主题的确定等准备工作，提前安排学生课前课堂讲解、讨论主题等事项。课中，利用QQ群课堂直播软件，有针对性地讲授课程重点内容，在讲解过程中通过手写板、摄像头、PPT激光笔等教具辅助教学，模拟课堂板书，让学生有在教室学习的感觉。在QQ群或雨课堂给学生实时推送随堂测试题目，学生对线上授课内容的理解程度进行实时反馈并提交答案，实现师生线上的实时交流互动。教师结合课程学习目标与知识体系，提出有探究价值或设计富有挑战性和创造性的课堂讨论主题。学生线上组建学习小组，通过分工协作共同完成，实现线上展示并进行师生和学生线上互评，教师线上对课堂教学环节进行归纳、评价和总结。每次课程通过直播、资料查阅、讨论、视频观看等形式穿插进行，控制好课程的节奏，尽量减少学生单一对着屏幕的时间，提高学习效率。下课后，根据学生课前、课上学习状况分别布置作业，包括专题讨论、资料检索和阅读、线上单元测验和课程大作业。教师根据学生作业完成情况，针对存在的问题组织“一对一”或“一对多”的在线辅导答疑。推送下次课程的学习内容，建立课程知识间的内部衔接和有机结合。利用“云端”平台收集的信息，反思和评价教学效果，及时进行持续改进。第四，建立在线教学质量保障机制，促进在线教学规范化。建立在线教学质量保障机制，探索在线教学评价新指标，使在线教学过程、在线教学管理、在线教学评价规范化、科学化和合理化，确保在线教学能够顺利、有序进行，实现在线教学质量的稳步提升。第五，建立在线课程学生考评机制，加强对学生的引导与监督。通过建立在线课程学生考评机制，加强对在线教学模式下学生学习的监督与管理。关注学生心理健康，通过思想教育引导学生端正学习态度，帮助学生树立良好的学习心态。除营造较好的学习氛围和环境外，还要注意培养学生居家学习的良好习惯，锻炼其意志力、独立思考能力、时间管理能力、信息搜索和问题解决能力等，进一步提高学生自主学习能力。经历过线上教学的师生们共同的感触是：老师需要讲台，学生们更渴望回到教室学习，作为教师，面对虚拟课堂，不管有没有学生“鼓掌”，他们会尽最大努力尽情发挥，把课讲好，满足学生增长知识、提高能力素质的基本需求。

在新财经教育改革中，教师要跟上技术与教育融合的发展趋势，教育具有唤醒和发现作用。在教学活动中，教师要善于发现学生的兴趣和特长，细心呵护，鼓励其个性发展，提高学生的自主选择能力，探索信息技术和教育教学的融合，提升教学水平。随着信息技术的发展，可以预见的是，教师的一些简单重复、纯粹知识传输性的工作很可能被人工智能等先进技术代劳完成，但不能夸大技术在教育中的作用。技术是人发明的，为人所用。新时代的教师应该熟练使用各种先进技术，能够自主地适应线上线下教学工作，并能够实现线上线下教学模式自由切换，努力完成培根铸魂、启德增慧的教育使命。

参考文献
REFERENCES

白铂，任勇，黄玉涛，2020. 新冠肺炎疫情防控背景下高校体育教学挑战及应对策略［J］. 黑龙江教育：高教研究与评估（11）：17-19.

蔡文丽，2011. 浅谈案例教学法在保险学课程教学中的应用［J］. 企业导报（12）：228-229.

陈飞燕，2015. 天津地区高职医疗保险实务专业人才需求状况分析［J］. 继续医学教育，29（8）：62-64.

崔惠贤，汪冬华，钱丽霞，2018. 互联网＋背景下案例教学的改革与创新：以《保险学》课程为例［J］. 保险职业学院学报：双月刊，32（1）.

戴瑞姣，2019. PBGS 教学模式下《保险学》课程的改革研究［J］. 教育现代化（34）：38-40.

范庆祝，李海燕，2020. 新财经视角下保险学一流本科专业人才培养方案研究［M］. 北京：中国农业出版社.

范玉雯，2020. 科技保险发展研究［J］. 合作经济与科技（10）：65-67.

冯海昱，2019. 保险学专业学生发展核心素养的基本内涵与培养策略［J］. 江苏第二师范学院学报，35（5）：59-61，83.

冯文丽，苏晓鹏，2019. 地方财经大学保险学专业人才培养现状调查与建议：以河北经贸大学为例［J］. 中国保险（9）：39-44.

冯文丽，杨雪美，李洪敏，2015. 地方财经高校保险学专业综合改革研究［M］. 北京：中国农业出版社.

冯宪超，2016. 在高等教育中开展“反转课堂”教学的方法［J］. 教育教学论坛（8）：183-184.

耿西亚，苑维华，2020. 中国保险科技发展现状及分析［J］. 时代金融（23）：126-127.

韩宝珍，2011. 时间视角下的保险学专业案例教学改革研究［J］. 黑龙江教育：高教研究与评估（2）：82-83.

韩玉超，2019. 金融保险学专业人才培养模式探析［J］. 中国市场（23）：53-

54，62.
蒋艳丽，2020. 市场需求导向下保险学专业校企联合人才培养机制研究 [J]. 产业创新研究（上）：152-153.
金丹，李丹，2020. 高职院校创新创业教育与专业教育融合的路径思考 [J]. 湖北开放职业学院学报（下），33（22）：9-10，17.
景海萍，2015. 基于工学结合的高职保险实务专业人才培养模式探析 [J]. 教育与职业（15）：102-103.
李峰，周科成，唐友清，2012. 高职保险学专业课程教学模式探索与实践 [J]. 重庆电子工程职业学院学报，21（2）：142-143.
李润洲，2015. 张力与融合：教育理论与教育实践 [J]. 徐州工程学院学报：社会科学版，30（2）：93-97.
李小艳，2020. 保险学专业人才培养实践教学改革与探索 [J]. 产业创新研究（上）：164-165.
历晓寒，2019. 基于 TRIZ 理论的高校创新创业人才培养体系构建 [J]. 科技创业月刊（8）：150-152.
梁福春，2019. 以“沉浸式教学”为突破的高校传媒人才培养设计与实现 [J]. 传媒教育（8）.
梁小冲，等，2014. “厚基础、宽口径、分层次、求创新、拔尖型”人才培养方案的研究 [J]. 大学物理实验，27（2）：124-125.
刘静，2017.《保险理论与实务》课堂教学改革思考 [J]. 山东农业工程学院学报，34（12）：43-44，46.
刘金霞，2018. 地方高校本科专业人才培养模式改革思路：以保险学专业为例 [J]. 河北广播电视大学学报，23（2）：70-74.
刘永刚，李丞北，2014. 黑龙江省高校保险学专业课程设置、调整机制研究与实践 [J]. 经济研究导刊（11）：265-267.
秦玲玲，付荣辉，2020. 保险学专业培养应用型人才服务地方需求课改的研究 [J]. 产业创新研究（上）：177-178.
秦妍，2017. 基于罗尔斯正义理论的我国高等融合教育研究 [J]. 高教改革与发展（7）：6-8.
阮银玲，2018. 专科院校工商管理类专业“宽口径，强技能”人才培养模式探究 [J]. 现代职业教育（10）：288.
赛铮，2020. 保险科技发展背景下的保险监管现代化转型 [J]. 金融理论与实践（10）：106-111.

孙阿凡，孙光慧，2015. 基于 PBGS 教学法的“保险学”课程教学改革研究［J］. 科教文汇（上），35-37.
谭俊峰，2020. 案例教学法的内涵、类别及应用解析［J］. 北京经济管理职业学院学报，35（3）：42-48.
唐金成，刘鲁，2020. 保险科技发展模式比较与经验启示［J］. 金融理论与实践（8）：96-102.
屠萍萍，2018. 1＋2＋3＋4 模式下的参与式创新教学研究：以保险理论与实务课程为例［J］. 教育现代化（39）：72-74.
王颖，许传华，2020. 新时代金融教学方法改革探索——“翻转课堂”在金融学专业的实践与创新［J］. 湖北经济学院学报：人文社会科学版，17（3）：133-136.
王韧，2009.《保险学》课程案例教学之我见［J］. 沿海企业与科技（1）：177-180.
王德鲁，付金会，曹庆仁，2019. 基于 PBGS 的经管类专业统计学实践教学改革探索与实践［J］. 教育教学论坛（2）：145-146.
王晓珊，方睿，胡佳琪，2017. 保险学专业毕业生需求分析［J］. 时代金融（12）：268-269.
吴佩珊，2020. 高校人才培养质量理论与实证研究［J］. 科技教育（6）.
夏睿涵，2020. 科技赋能保险公司创新应用分析［J］. 时代金融（20）：80-82.
杨晨飞，但懿，2020. 基于 ERG 理论的高校户外运动人才培养模式研究［J］. 体育科技文献通报，28（9）：62-63.
杨新顺，2020. 保险学教学模式改革探索［J］. 对外经贸（8）：150-153.
杨蕴丽，乌日陶克套胡，刘涛，2015. 经济学专业课教学方法改革与探索［M］. 北京：中国社会科学出版社.
于沛，等，2020.“融合教育”理论指导下的高等教育国际化探索与实践［J］. 教育教学论坛（15）：11-14.
于艳君，2020.“互联网＋”下在线教学模式探索与实践［J］. 黑龙江教育：高教研究与评估（11）：28-29.
张婷，2020. UbD 理论在融合教育课程设计中应用研究［J］. 绥化学院学报，40（1）：19-23.
张五英，梅霞，2020. 新冠疫情期间在线教学状况调查研究报告：以江苏农林职业技术学院为例［J］. 高教学刊（33）：40-44.
钟健，2019.“新国十条”背景下高职保险学专业人才培养改革探析［J］. 财经界：学术版（17）：174.

钟启泉，崔允漷，2019. 核心素养与教学改革［M］. 上海：华东师范大学出版社.

重庆工商大学高等教育研究所，重庆工商大学教务处，2016. 教学改革创新理论与实践：重庆工商大学优秀教学改革研究成果汇编［M］. 成都：西南财经大学出版社.

周雷，蔡佩瑶，刘婧，2020. 我国保险科技发展现状、问题与对策：基于保险科技赋能高质量发展视角［J］. 苏州市职业大学学报，31（2）：41-48.

周丽霞，2011. 改革开放以来我国大学专业设置政策的变迁与前瞻研究［D］. 长沙：湖南师范大学：44-50.

朱文，2003. 案例教学方法研究［J］. 西南民族大学学报：人文社科版，24（10）：39-41.

朱进元，刘勇，魏丽，2018. 保险科技［M］. 北京：中信出版集团.

朱玫洁，2020. “新财经”视域下的高等财经教育和人才培养［N］. 每日经济新闻，07-23.

附录1　北京大学经济学院2011级本科生专业分流方案

一、专业分流所遵循的基本原则

1. 自由选择和合理调配相结合，尊重每一个学生的专业选择意向。

在专业分配过程中，以学生的自主选择为基础，尊重每一位同学的专业选择意向。与此同时，一方面为了避免学生过度倾斜于某一专业，导致毕业时过度供给问题；另一方面为了避免各专业教学资源配置与使用的严重失衡，学院将对专业分流进行适度引导与合理调配。

2. 公正、公开，坚守原则。

分流方案的制定及其实施过程中的每一环节，广泛征求学生的意见和建议，操作透明，严格按方案执行。

二、实施办法

1. 2013年3月4日（星期一）上午10：00之前，每位同学（含留学生、元培学生）须登录教学网上“专业分流”课程提交填报专业意向，并按第一至第三志愿的顺序，申请一旦提交不得修改。统招生（含转系生）、元培学生、留学生将在系统内分别填写。

2. 每个专业最低学生数为10人（含10人），不足10人的专业在该年级将暂缓执行专业培养计划，选报该专业的学生按学生本人填报的专业次序调剂到相关专业。

3. 每个专业最高学生数为55人（含55人）。超过的按学生填报的志愿次序调剂到相关专业。例如，若某专业第一志愿学生数达到 56 人，将有 1 人调剂到第二志愿的专业。

4. 调剂的次序和办法：按学生填报的志愿，第一志愿选报 A 专业人数若超过最高人数限制，则第一志愿填报 A 专业的所有学生，均按前期 GPA 进行排名，取前 55 名为 A 专业学生，55 名以后的按各个学生的第二志愿调剂到第二志愿专业备选。若某学生调到第二志愿专业后，该生的第二志愿 B 专业也超过最高限额数（包括以第一志愿和第二志愿填报 B 专业的），B 专业在优先接收第一志愿学生后，剩余名额则由第二志愿为专业 B 的同学按照课程成绩排队遴选进入专业 B。依此类推。

5. 元培学生和留学生专业分流方案参照如上，原则上每个专业最多可接收该类学生总人数的三分之一。

结合新形势下的高校培养目标和社会需求趋向，厚基础，宽口径，提升综合素质是关键。我们相信各位同学能正确对待专业分流。经济学院全体教师员工要积极配合做好专业分流工作，既要顾大局，又要对每一位同学负责，正确引导，让每一位同学能不带任何思想包袱、愉快地进入下一阶段的学习。

北京大学经济学院

2013 年 2 月

附录 2　复旦大学经济学院 2011 级本科生专业分流方案（试行）

学校从 2011 学年起实施经管大类招生，一学年后进行院系和专业的分流。根据学校的相关规定及学院的实际情况，特制定本方案。

一、专业分流时间

经济学（数理经济方向）于 2012 年 5 月上旬面向全体经管大类学生进行宣讲和报名，5 月中旬进行面试，5 月下旬或 6 月初确定录取名单。其他专业方向的分流工作在 2012 年暑期进行。

二、专业分流要求

（1）必须修读 40 个学分以上；

（2）已修读完“经管类基础课程”中的《高等数学 B（上、下）》及以上、《政治经济学》《微观经济学 A》课程并考试成绩合格。

（3）已修读人文类和社会类基础课程（共 6 学分）中至少 3 学分且成绩合格。

三、专业分流方法

（1）学生报名进入经济学院的同时报相关专业（经济学专业数理经济方向除外），各专业方向的名额分配见附表；

（2）经济学院各专业的分流按照志愿优先原则，不设专业志愿级差分；

（3）凡是专业申报人数小于等于分流限额的专业，全部自动录取；

（4）凡是专业申报人数大于分流限额的专业，按绩点高低排序录取注（如限额最后一名出现绩点并列者，均予录取）；

（5）凡是第一志愿未录取的学生，按志愿顺序进入第二志愿；再按照上述三（2）、（3）操作，以此类推：

（6）港澳台学生及外国留学生按以上办法单独分流。

四、专业分流操作

（1）学生须在2012年暑期学校规定的时间登录校园urp信息化教务管理系统“按类招生专业分流”栏目中报名申请（申请前开通），网址：http：//www. urp. fudan. edu. cn。每个学生须慎重填报5个专业并排序，如有差错，责任自负。逾期一律不再受理；

（2）经济学院各专业录取名单由学校统一发布。

五、专业分流工作小组

经济学院专业分流工作小组由分管副院长、学生工作副书记及教务主任组成，分流方案由院务会议审核认定，并报学校教务处备案。

本条例适用2011级经济学院本科生，解释权属经济学院。

复旦大学经济学院

2012年3月2日

附录3　保险公司对人才需求状况调查问卷

您好！为了深入了解当前保险公司对人才需求情况，能力和素质的要求，为制订保险学专业人才培养计划，提高学校与企业在保险学专业人才供需方面的合作质量，我们设置了本调查问卷，希望听取您的宝贵意见。本次问卷仅为调查研究所用，没有任何商业用途，我们保证有关企业的所有信息均不外流。感谢您对我们此次企业调研提供的支持和帮助！

1. 贵公司的保险学专业毕业生在哪些岗位占比较多？［多选题］

□外勤

□行政部

□财务部

□人事部

□核保部

□理赔部

□核赔部

□客户服务部

□其他________________

2. 未来三年贵单位保险学专业毕业生的需求状况是：［单选题］

○有需求，5人以内

○有需求，5～10人

○有需求，10人以上

○无需求

○不确定

3. 贵单位引进人才时，对保险学专业毕业生人才的工作经历要求是：[单选题]

○无要求

○一年

○两年

○三年

○三年以上

4. 贵公司在校园招聘保险学专业毕业生时比较看中：[多选题]

□学校的名气

□学生的社会实践能力

□学生的沟通能力反应能力

□学生的态度

□学生的社团活动

□学生的学习成绩及获奖情况

□其他________________

5. 贵单位引进保险学专业毕业生时，对其学历要求是：[多选题]

□硕士以上

□硕士学历

□本科学历

□大专学历

6. 贵公司希望保险学专业毕业生精通哪些知识？[多选题]

□计算机技能

□保险学专业基础知识

□理财类基础知识

□销售类基础知识

□其他________________

7. 贵单位要求保险学专业毕业生所应具备的素质结构是：[多选题]

□身体素质

□思想道德素质
□学习能力
□外语交际能力
□语言表达能力
□心理素质
□信息处理能力
□专业素质
□社交能力
□沟通与团队意识

8. 贵公司在招聘保险学专业毕业生是希望其具有哪些证书？［多选题］

□大学英语四六级
□奖学金证书、优秀毕业生等
□计算机类证书
□精算类证书
□会计类证书
□证券类证书
□银行类证书
□保险类证书
□其他________________

9. 贵单位对保险学专业毕业生的基本期望是：［多选题］

□具有较强的理论功底，表现出专业的水平，能够胜任本岗位工作
□能在较短时间内完全胜任工作
□具有吃苦耐劳的精神，能勤奋好学
□具有较强的实际工作能力，能解决实际问题
□具有较好的职业道德，能服从管理，忠诚于公司
□具有较清晰的职业定位，能力知识较宽且精

10. 贵单位对保险学专业毕业生的基本看法是：［单选题］

○理论功底较强，能够胜任本岗位工作

○需要较长一段时间才能完全胜任本岗位工作

○能给企业注入新鲜血液，带来新知识

○具有吃苦耐劳的精神，能勤奋好学

○仅有书本知识，眼高手低，不能解决实际问题

○职业道德较好，服从管理，能忠诚于公司

○职业定位不清晰，能力知识宽而不精

11. 您认为高校在保险人才培养中存在哪些不足？[多选题]

□理论性强，缺乏可操作性

□课程内容赶不上日新月异的发展，出现明显的滞后性

□课程没有很好地与企业需求结合

□没有针对相关资格证需要设立和教学课程

□其他________________

12. 你认为高校保险课程教学中有必要增加实践环节吗？[单选题]

○非常有必要

○可以加

○无所谓

○完全没必要

13. 您认为哪些保险学专业课程对保险学专业毕业生能力提高有较大作用？[多选题]

□保险市场

□保险产品解读

□保险销售实务

□保险采购实务

□保险经纪服务

□风险识别

□保险经纪公司经营管理

□保险项目管理

□其他________________

14. 您认为学生在校期间学习“保险”课程时，有必要以小组

形式完成案例搜集与讨论吗？[单选题]

○非常有必要

○可以加

○无所谓

○完全没必要

15. 您认为学生在校期间以什么形式完成案例分析效果最好？[单选题]

○文字演示

○视频案例

○情景再现

○其他________________

16. 您认为用各保险公司推出的险种及产品做案例模版来讲解合适吗？[单选题]

○非常有意义

○有一些作用

○无所谓

○没什么实际意义

17. 贵公司是否有意愿与高校保险学专业院系建立长期合作，作为产学研合作伙伴，双方共同进行人才培养？[单选题]

○有意向，并正在尝试

○有意向，但还没有实践

○无意向

○其他________________

18. 您认为高校保险教育改革可以从以下哪几点开展？[多选题]

□处理好保险学与其他学科之间的交叉关系

□改进教学方法，加强学生独立思考、分析和解决问题的能力培养

□应用现代教育技术，提高教学质量

□改革考核方式，不拘泥于传统课程考核方法

□增加校外课堂，加强社会实践环节

□其他________________

19. 对高等院校保险学专业人才培养的建议：[填空题]

____

附录 4　保险学专业毕业生对保险教改意见调查问卷

您好：

我们是河北经贸大学保险学专业的学生，为更好地了解当前保险学专业毕业生在实际工作存在的优势与不足，以便为高校的保险学专业教学改革提供更好的参考意见，特开展此次调查，望保险学专业毕业生给予支持，积极参与，如实填写问卷。

1. 您认为高校保险学专业毕业生就业市场前景如何？[单选题]

○很好

○比较好

○一般

○不太好

2. 您在保险公司哪个岗位任职？[单选题]

○外勤

○行政部

○财务部

○人事部

○核保部

○理赔部

○核赔部

○其他________________

3. 您认为保险公司会关心应聘者的哪些素质？[多选题]

□性别

□实习经历

□GPA

□学生会社团经历

□参加比赛项目经历

□丰富的保险学专业知识

□其他________________

4. 您认为我校保险学专业毕业生应具备哪些综合素质?［多选题］

□创新能力

□工作态度

□心理素质

□管理能力

□学习能力

□合作意识

□其他________________

5. 您认为保险公司需要应聘者具备哪些技能?［多选题］

□CET4/CET6 高分

□计算机二级

□良好的销售沟通能力

□会计/银行/证券/保险从业资格证

□其他________________

6. 您认为当前高校在培养保险学专业人才中存在哪些不足?［多选题］

□理论有实践脱节

□教学模式过于陈旧

□校企合作欠缺

□学生抗压能力和沟通能力重视不足

□其他________________

7. 您认为在高校保险学专业课程教学中有必要增加实践环节吗?［单选题］

○非常有必要

○有必要

○无所谓

○没有必要

8. 您认为在保险学专业实践教学中存在的主要问题有哪些？[多选题]

□对保险学专业的就业岗位定位不准确

□实践教学计划不完善，考评体系不健全

□金融实验室有待完善

□实践教学环节脱钩，教学方法单一

□其他________________

9. 您认为可以从哪些角度强化实践教学环节？[多选题]

□积极开展课外社会调查

□加强校企合作，聘请合作的保险公司专业人员来校给师生们讲座

□定期或不定期组织学生到合作的保险公司实习、调研

□运用“互联网＋教学”新模式下的多种教学手段

□其他________________

10. 您认为学生在校期间以什么形式完成案例分析效果最好？[单选题]

○文字演示

○视频案例

○情景再现

○其他________________

11. 您认为保险教学过程中，有必要进行小组讨论，分组完成课程任务吗？[单选题]

○非常有必要

○可以加

○完全没有必要

12. 您认为用保险公司推出的险种及产品来做案例讲解合适吗？[单选题]

○非常有意义

○有一些作用

○无所谓

13. 您认为当前保险学专业课程考核方式存在哪些问题？[单选题]

○仅凭期末试卷成绩评价学生的学习，方式过于单一

○试卷内容偏理论化、书本化

○学生考核标准的不统一

○符合人才培养标准，没有问题

○其他________________

14. 您认为高校保险教育改革可以从以下哪几点开展？[多选题]

□处理好保险学与其他学科之间的交叉关系

□改进教学方法，加强学生独立思考、分析和解决问题的能力培养

□应用现代教育技术，提高教学质量

□改革考核方式，不拘泥于传统课程考核方法

□增加校外课堂，加强社会实践环节

□其他________________

15. 对高校保险学专业教学改革的意见：[填空题]

____

后记
POSTSCRIPT

该书由本人负责全书的结构安排。第四章保险人才需求调查内容由2019级保险学专业硕士研究生许士超、刘文君和王海宇撰写，其余各章由本人撰写。在本书的编写中，需要感谢的人很多：冯文丽老师布置了任务，并对结构内容的安排给予了很多指导；在申报教学研究项目中，杨雪美、范庆祝老师提供了重要的帮助；近几年，本人没有申报任何项目，正是他们的项目成果为本项目的申报奠定了坚实的基础。申报教改课题时，杨雪美老师多次帮助修改项目申报书，范庆祝老师不辞辛苦，为项目资助多次奔走，无论大事小事都给予热心帮助，许士超帮助本人购买图书，搜集、查找资料。近几年，河北经贸大学的保险学专业建设取得了不少成绩。2019年，保险学专业与金融专业一起申报一流本科专业，金融学喜获国家级一流本科专业，保险学获得校级一流本科专业。2020年底，由学校推送，保险学专业申报国家级一流本科专业，2021年春季，保险学专业获批国家级一流本科专业，作为保险学专业的老教师，深感欣慰。老牛自知夕阳晚，今后更当为保险学专业的建设尽微薄之力。

吴占权

2022年2月

图书在版编目（CIP）数据

新财经教育改革背景下的我国高等学校保险学专业发展改革研究／吴占权著．—北京：中国农业出版社，2022.8

ISBN 978-7-109-29779-1

Ⅰ.①新… Ⅱ.①吴… Ⅲ.①保险学－教学改革－研究－高等学校 Ⅳ.①F840

中国版本图书馆 CIP 数据核字（2022）第 140961 号

新财经教育改革背景下的我国高等学校保险学专业发展改革研究

XINCAIJING JIAOYU GAIGE BEIJING XIA DE WOGUO GAODENG XUEXIAO BAOXIANXUE ZHUANYE FAZHAN GAIGE YANJIU

中国农业出版社出版

地址：北京市朝阳区麦子店街 18 号楼

邮编：100125

责任编辑：孙鸣凤

版式设计：杨 婧　　责任校对：周丽芳

印刷：中农印务有限公司

版次：2022 年 8 月第 1 版

印次：2022 年 8 月北京第 1 次印刷

发行：新华书店北京发行所

开本：880mm×1230mm　1/32

印张：5.25

字数：200 千字

定价：68.00 元